Paul Liekens

Dann halten Sie die Fäden in der Hand . . .

Praktisches Arbeiten mit NLP

Paul Liekens

Dann halten Sie die Fäden in der Hand

Praktisches Arbeiten mit NLP

AURUM

Das niederländische Original erschien unter dem Titel „Het spel tussen bewuste en oderbewuste“ im Verlag Ankh-Hermes, Deventer.

Ins Deutsche übersetzt von Aljoscha A. Schwarz und Ronald P. Schweppe.

Umschlaggestaltung: Andrea Heissenberg

Die Deutsche Bibliothek – CIP-Einheitsaufnahme

Liekens, Paul:
Dann halten Sie die Fäden in der Hand . . . Praktisches Arbeiten mit NLP / Paul Liekens. [Ins Dt. übers. von Aljoscha A. Schwarz und Ronald P. Schweppe]. – Braunschweig: Aurum-Verl., 1994
Einheitssacht.: Het spel tussen bewuste en onderbewuste <dt.>
ISBN 3-591-08348-8

1994
ISBN 3-591-08348-8

Gesamtherstellung: Chemnitzer Verlag und Druck GmbH,
Werk Zwickau

Wenn die unsichtbaren Fäden
Deines Lebensnetzes
Eines Tages
Plötzlich sichtbar werden,
Dann begreifst du erst,
Warum
Rund um dich herum
Die Puppen immerzu am Tanzen waren.

Und dann...

Von diesem Tage an hältst du die Fäden in der Hand,
Und lachst dir ins Fäustchen
Von morgens bis abends
Für den Rest deines weiteren
Glücklichen Lebens.

Paul Liekens

INHALT

Einleitung

In diesem Buch geht es um das Spiel zwischen Ihrem Bewußtsein und Ihrem Unterbewußtsein – um die Dinge, die Ihnen bewußt sind, und um das, was Sie nicht über sich wissen. Hier werden Sie einfache Regeln lernen, mit denen Sie ein Meisterspieler werden können in diesem Spiel, das wir normalerweise als „das Leben" bezeichnen.

Das Buch wendet sich an alle, die ihre jetzige Situation verändern und die Qualität ihres Lebens auf einfache, schnelle und wirksame Weise verbessern wollen. Auch wurde es für Menschen geschrieben, die bereits ein befriedigendes Leben führen, die aber dennoch daran interessiert sind, ihre Lebensqualität um ein Vielfaches zu steigern. Hier lernen Sie Möglichkeiten kennen, wie Sie Ihre Art und Weise, Entscheidungen zu treffen, optimieren können. Dies ist ein Arbeitsbuch, das Ihnen helfen kann, neue Ideen zu integrieren, die Ihnen wertvoll erscheinen, die Sie aber aus einem bisher ungeklärten Grund nicht umsetzen konnten.

Indem Sie sich selbst verändern, verändern Sie die ganze Welt um sich herum, denn diese ist nur eine Spiegelung Ihrer selbst. Das ist den meisten Menschen zwar nicht neu; die große Frage lautet jedoch: Wie kann man sich selbst ändern?

Obwohl wir in einer sich schnell wandelnden Zeit leben, verändern sich viele von uns gar nicht oder kaum. Dies liegt weniger daran, daß wir uns selbst so perfekt und toll finden, als vielmehr daran, daß wir nicht erkennen, daß wir uns sehr wohl verändern könnten.

Auch die Technik, mittels derer ich diese Worte niederschreibe, ist verändert und neu. Ich sitze nämlich mit einem Computer auf dem Schoß im Auto und schreibe, während meine Frau am Steuer sitzt und wir gemütlich über die französische Autobahn fahren, zu einem Zentrum in der Nähe von Avignon, wo wir einen vierzehntägigen Osterworkshop geben werden.

Die Reise bietet viele Möglichkeiten zu genießen. Die prächtige Landschaft geht vor meinen Augen auf beiden Seiten in sanfte Hügel über, das tiefe Brummen des Motors vereinigt sich mit dem Geräusch des Windes zu einem herrlichen Konzert aus Unter- und Obertönen. Die Sonne scheint durch das offene Dach des Autos auf meinen Kopf und wärmt ihn, der Duft der gedüngten Felder erinnert mich an meine Jugend. Dieser Duft bildet allerdings einen starken Kontrast zum Geschmack eines leckeren Croissants und französischen Kaffees auf meiner Zunge.

Dijon, Lyon, Provence, Namen die mir nun bereits ein Gefühl geben von... ja – wovon eigentlich?

Hier habe ich die Wahl. Ich könnte nun beispielsweise an jenen Ostertag des letzten Jahres denken, an dem wir dreizehn Restaurants abklappern mußten, die aber alle voll waren, bis wir schließlich um zwei Uhr ein Restaurant fanden, in dem wir, inzwischen nahezu ausgehungert, noch über eine Stunde warten mußten, bis wir etwas zu essen bekamen. Oder ich könnte auch an die Nacht denken, in der wir wegen der unerwarteten Kälte nicht schlafen konnten. Nein – da denke ich doch lieber an die herrlichen Märkte, den Geruch des Lavendels, die Flasche *Chateau neuf du pape,* Jahrgang 1980, an die schöne Meditation bei Sonnenaufgang, an die Musikfestivals in Avignon, an die wunderbar warme Sonne und ans Faulenzen und Genießen. Es ist angenehm festzustellen, daß man die Wahl hat. Früher hatte ich sie nicht und wußte nichts davon.

Ich beschäftige mich nun seit 1986 mit dem Neurolinguistischen Programmieren (NLP), und dabei habe ich für mich entdecken können, wie einfach es ist, sich selbst zu verändern und sich den Luxus der freien Wahl zu verschaffen. Fast bin ich geneigt zu schreiben: sich den Luxus eines ganz neuen Lebens, neuer Gefühle und neuer Qualitäten zu verschaffen. Oder, für einige von uns: den Luxus, eine gewisse Anzahl von Auffassungen, Überzeugungen und Verhaltensmustern über Bord zu werfen, die uns daran hindern, mit uns selbst in Harmonie zu sein und uns glücklich zu fühlen, wann und wo auch immer wir dies wünschen.

Ich habe immer gedacht, daß unsere Erziehung in dem Moment endet, in dem wir unser Elternhaus verlassen. Inzwischen habe ich begriffen, daß man erst danach die Chance hat, mit der eigenen Neuerziehung zu beginnen, die sich an den eigenen Entscheidungen orientiert und nach den eigenen Normen richtet, und nicht nach denen der anderen. Damit will ich nicht sagen, daß die Erziehung durch unsere Eltern falsch war, aber sie war immer von einer bestimmten Zeit und von einer bestimmten Norm geprägt, der unserer Eltern eben. Die Zeiten verändern sich aber rasend schnell, und auch unsere Eltern unterlagen gewissen Beschränkungen.

Das wunderbare am NLP ist, daß Sie die Nachteile eines bestehenden Systems oder einer vorherrschenden Überzeugung wegnehmen und die Vorteile behalten und außerdem neue Vorteile hinzufügen können. Es geht darum, verschiedene Standpunkte einnehmen zu können und aus unterschiedlichen Blickwinkeln sehen zu lernen, die eigene Sichtweise zu erweitern, Ausschau zu halten nach den Dingen, die das Selbstvertrauen unterstützen, anderen zuzuhören, sich in sie einzufühlen, um von ihnen zu lernen und das Gute zu übernehmen. Mit Hilfe des NLP lernen Sie, Ihre Lebensqualität aktiv zu verändern – und dies alles ohne die Einmischung von irgendwelchen außerirdischen Wesen und ohne von irgendeinem Therapeuten abhängig zu werden. Es ist kein Wunder, daß diese Technik unter anderem eingesetzt wird, um die Kommunikation im Management von Betrieben zu optimieren.

Dr. Milton Erickson, der auch Richard Bandler und John Grinder, den „Erfindern" des NLP, als Vorbild diente, sagte, daß jeder Mensch die Lösung für seine eigenen Probleme genauestens kennt. Der ganze Trick besteht darin, die eigene Lösung nach oben zu holen und sie dann auch zu realisieren.

Ich erinnere mich gerade an das Buch, das ich 1979 geschrieben habe (übrigens noch mit der Hand). In der Einleitung schilderte ich, wie wir in einem gemieteten Wohnboot mit einer Höchstgeschwindigkeit von sechs Kilometern in der Stunde auf den Wasserstraßen von Burgund unterwegs waren. Ich versuche mich in diesem Moment daran zu erinnern, wo das genau gewesen ist, und „klick" – schon sehe ich ein Verkehrsschild mit der Aufschrift „Beaune", der Abzweigung, die wir damals nehmen mußten, um wieder an unseren Ausgangspunkt zurückzugelangen. Dieses Phänomen hat mit dem Gesetz der Resonanz oder der Anziehung und Abstoßung zu tun. Indem Sie die Dinge anziehen, die in Ihrem Bewußtsein enthalten sind, beweisen Sie sich ununterbrochen, daß Sie recht haben. Sollte dann doch einmal etwas geschehen, das das Gegenteil zu beweisen scheint, so formen wir dieses Geschehnis dahingehend um, daß es wieder in unser Modell von der Welt paßt. Manchmal wählen wir sogar eine Methode, die noch drastischer ist: das selektive Ausfiltern aller Dinge, die eine Bedrohung für unser Weltbild darstellen; wir hören, sehen oder fühlen diese dann schlichtweg nicht mehr. Ihr Leben wird also von der Qualität Ihres Bewußtseins bestimmt (damit meine ich sowohl das eigentliche Bewußtsein als auch das Unterbewußtsein). Was immer in Ihrem Bewußtsein lebt, wird sich früher oder später auch um Sie herum manifestieren. Das wird zuweilen auch als Karma bezeichnet.

Wenn wir nun dieses Karma auflösen wollen, so können wir das tun, indem wir die Inhalte unseres Bewußtseins durch Erfahrungen oder auf eine andere Art und Weise transformieren. Die andere Möglichkeit besteht in der Integration und Transformation durch Einsicht und insbesondere durch die Prägung des Unterbewußtseins. Diese Technik heißt NLP.

Bewußtsein und Unterbewußtsein

Als Bewußtsein bezeichnen wir hier jenen Teil des Gehirns, der für die rationalen Bereiche sowie für die Aussendung von Willensimpulsen zuständig ist. Mit dem Begriff Unterbewußtsein bezeichnen wir jene Teile des Gehirns und des Körpers, die all das ausführen, dessen wir uns nicht bewußt sind. Das Unterbewußtsein folgt einer Art von Logik, die von der Logik des rationalen Denkens abweicht, was dazu führt, daß man die entsprechenden Reaktionen als irrational erfährt.

Die Priester und Magier auf Hawaii, die Kahuna, die verblüffend viel über das Unterbewußtsein wußten und diese Kenntnisse schon vor Tausenden von Jahren anwendeten, bezeichnetenen das Unterbewußtsein als *unihipili* (das Kind) und das Bewußtsein als *uhane* (die Mutter). Die Mutter hatte für das Kind zu sorgen und mußte ihm Anweisungen geben, aber das Kind konnte schon einmal etwas mißverstehen oder launisch sein.

In Straßburger Münster befindet sich ein sehr großes und kompliziertes Uhrwerk mit allerlei Figuren. Jeden Tag um zwölf Uhr fängt eine der Figuren an sich zu bewegen und schlägt mit einem Hammer auf ein Glöckchen. Und plötzlich kommt Leben in die ganze Sache; jedes Teilchen fängt an sich zu drehen, zu klopfen oder zu hämmern. Weitere, bisher verborgene Gestalten kommen zum Vorschein und verschwinden wieder. Und schließlich kommt das Ganze wieder zum Stillstand.

Genau das geschieht auch in unserem Unterbewußtsein. Das ganze präzis funktionierende Räderwerk wartet nur auf den richtigen Schlag. Gibt man im richtigen Augenblick den richtigen Impuls, dann kommt das ganze Räderwerk in Gang. Gibt man dem Uhrwerk in Straßburg den falschen Impuls, dann passiert gar nichts. Wenn Sie jedoch Ihrem Unterbewußtsein einen falschen Impuls geben, können allerlei Dinge geschehen, die nicht in Ihrer Absicht lagen...

Sollten Sie Zweifel an der Bedeutung Ihres Unterbewußtseins hegen, so lade ich Sie nun ein, sich selbst mit etwas mehr Aufmerksamkeit zu betrachten, als Sie es bisher getan haben.

Wie ist das Verhältnis zwischen den Aktivitäten Ihres Normalbewußtseins, also dessen, was Ihnen bewußt ist, Ihres Denkens, und den Aktivitäten des Unterbewußtseins? Mit Unterbewußtsein meinen wir alles, was sich unterhalb der Bewußtseinsschwelle abspielt, die Dinge also, die uns nicht bewußt sind, an die wir nicht denken, von denen wir vergessen haben, daß es sie gibt, oder von denen wir noch nicht einmal wissen, daß es sie gibt. Wie also ist das Verhältnis? Sind es neunzig Prozent Bewußtsein und zehn Prozent Unterbewußtsein? Oder ist es fifty-fifty?

Lassen Sie uns einen Blick auf das werfen, was in unserem Körper geschieht. Welche Art von Bewußtsein (Normalbewußtsein oder Unterbewußtsein) sorgt für unseren Herzschlag, die Leberfunktion, die Milz, das komplizierte Verdauungssystem? Welches von beiden sorgt dafür, daß die Zellen miteinander kommunizieren, daß die Stoffwechselprozesse ablaufen? Und welches ist für den Wachstumsprozeß zuständig?

Wenn ich irgendwo ein Glas Wasser stehen sehe und trinken möchte, gehe ich zu dem Glas. Ich nehme das Glas, führe es an meine Lippen, gieße das Wasser in meinen Mund, stelle fest, ob außer dem Wasser noch etwas im Glas war, und schlucke es hinunter. Wieviel Prozent dieses Vorganges haben mit dem Bewußtsein, mit dem Denken zu tun?

Nach dem Modell, das ich mir von der Welt gemacht habe, besteht das einzige, was ich bewußt mache, darin, den Willensimpuls zu setzen: „Ich will trinken". Dies dauert eine Sekunde; alles andere macht das Unterbewußtsein. Es ist verantwortlich für die Aussendung der Signale, die die Kontraktion bestimmter Muskeln bewirken, die wiederum die Bewegungen in den

Armen und Beinen steuern. Es sorgt dafür, daß ich zum Glas gehe, daß meine Hand es nicht verfehlt, daß ich es nicht umwerfe, daß ich es mir nicht am Kopf vorbei über die Schulter schütte, daß ich mir nicht meine Zähne damit ausstoße und daß ich nicht an der Wassermenge ersticke, die ich in meinen Mund gieße. Wenn wir dies alles aufzählen und es mit der einen Sekunde vergleichen, die der Willensimpuls dauert, dann können wir wohl davon ausgehen, daß in diesem Fall das Bewußtsein 0,01 Prozent und das Unterbewußtsein 99,99 Prozent der Arbeit verrichtet.

Bestimmten Quellen zufolge kann das rationale Bewußtsein lediglich zwischen fünf und neun Abläufe gleichzeitig steuern. Um jedoch alle Zellen zu aktivieren, die beispielsweise nötig sind, um diese Berechnungen auszuführen, muß man in der Lage sein, zehn Millionen Dinge gleichzeitig und kontinuierlich ablaufen zu lassen, nachdem zuvor bereits zehn Milliarden Dinge gleichzeitig abgelaufen sind, nur um den äußerlich inaktiven Organismus funktionieren zu lassen.

So wichtig ist das Unterbewußtsein. Es ist allerdings nicht in der Lage, logisch zu argumentieren, sondern führt einfach nur die Befehle aus, die Sie ihm geben. Daher ist es wichtig, diese Befehle in einer Sprache zu übermitteln, die das Unterbewußtsein versteht.

Wenn Sie einen Chinesen auf deutsch ansprechen, wird er nicht viel verstehen und, unabhängig von seinem guten Willen, Dinge für Sie tun, die nicht dem entsprechen, was Sie erwartet hätten. Wenn Sie jedoch chinesisch lernen, wird das Ergebnis Ihrer Kommunikation deutlich mehr Ihren Erwartungen entsprechen.

Die Sprache des Unterbewußtseins ist einfach. Sie besteht hauptsächlich aus Bildern, Gefühlen und Worten oder Klängen. Diese drei müssen kongruent, beziehungsweise gleichlautend sein, andernfalls entsteht Verwirrung, und Sie erreichen Ihr Ziel nicht.

Das Unterbewußtsein kommuniziert mit dem Bewußtsein vorwiegend mittels körperlicher Empfindungen. Dies sind Signale, denen wir bisher möglicherweise wenig Beachtung geschenkt haben, die wir aber deutlich erkennen lernen werden.

Bis zum heutigen Tage war der Schmerz vielleicht das einzige Signal Ihres Unterbewußtseins, das Ihnen aufgefallen ist. Vielleicht haben Sie selbst diesen Kommunikationsversuch nicht als solchen erkannt und haben, anstatt darauf achtzugeben, ein Schmerzmittel eingenommen... Ende der Botschaft! Die Folgen einer derart unbedachten Handlungsweise sind manchmal nicht zu übersehen, wenn sie sich auch erst im späteren Leben manifestieren.

Richard Bandler und John Grinder haben dem im Grunde nichts hinzugefügt. Sie haben einfach nur beobachtet, wie wir die Dinge, die wir tun, ausführen, um uns darauf aufmerksam zu machen, daß wir eine andere Wahl treffen können, falls das von uns erwünschte Resultat nicht optimal ist. In diesem Bereich waren sie allerdings genial.

Die Filter oder Kanäle, durch die wir die Wirklichkeit um uns herum wahrnehmen und an unser Unterbewußtsein weiterleiten, sind:

- der visuelle Kanal: Bilder,
- der auditive Kanal: Geräusche, Worte;
- der kinästhetische Kanal: Primärgefühle (Wärme, Vibration etc.) und Meta-Gefühle (Trauer, Glück etc.),
- der olfaktorische Kanal: Geruch und Geschmack.

Obwohl uns alle diese Filter zur Verfügung stehen, neigen wir bei ihrem Gebrauch zur Selektion. Manche Menschen gebrauchen vorwiegend den visuellen Kanal, andere den kinästhetischen oder auditiven. Wenn wir unserem Unterbewußtsein eine Botschaft übermitteln wollen, sollten wir jedoch alle vier Kanäle benutzen, damit die Botschaft wirklich vollständig und bis ins kleinste Detail begriffen wird. Eine Information, die auf diese Weise weitergegeben wird, hat eine viel größere Chance, etwas zu bewirken.

Richard Bandler und John Grinder haben eine eigenartige Entdeckung gemacht: Wenn sie sich an ein Bild erinnern wollen, drehen neunzig Prozent aller Menschen ihre Augen nach links oben. Um sich an ein Musikstück zu erinnern, fokussieren sie ihre Pupillen links von der Mitte, um sich an Stimmen zu erinnern, links unten, und um Bilder zu konstruieren (also sich etwas vorzustellen, das es noch nicht gibt), richten sie die Augen nach rechts oben.

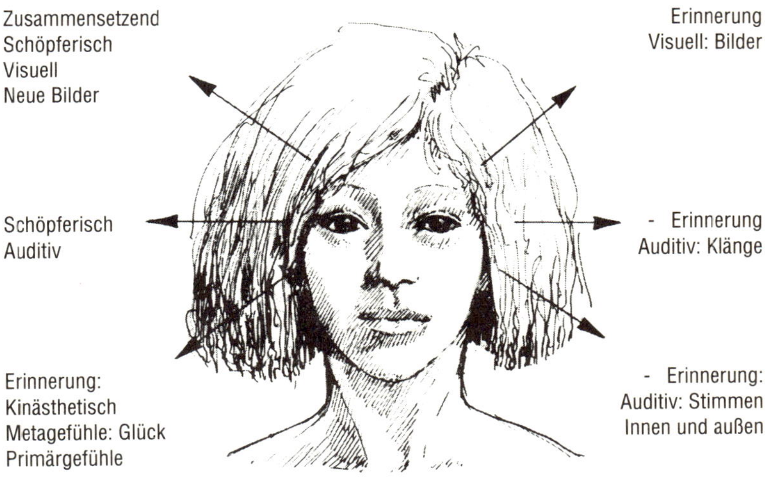

Um Klänge zusammenzusetzen, bewegen sie die Augen nach rechts, und für die Gefühle (sowohl Primär- als auch Metagefühle) nach rechts unten. Wie gesagt gilt dies für neunzig Prozent aller Menschen; die anderen zehn Prozent machen es genau andersherum. Sie finden auf der rechten Seite, was die anderen links finden. Diese Gruppe besteht hauptsächlich aus Linkshändern.

Um herauszufinden, wie Sie in dieser Hinsicht organisiert sind, sollten Sie die folgenden Aufgaben machen und dabei bewußt beobachten, in welche Richtung sich Ihre Augen bewegen. Wenn Ihnen das zu umständlich ist, bitten Sie eine andere Person, sich Ihnen schräg gegenüber zu setzen und Ihre Augen zu beobachten, während sie Ihnen die Aufgaben vorliest.

- Zählen Sie in Gedanken, wie viele Stühle und Sessel sich in Ihrem Haus befinden.
- Stellen Sie sich vor, daß Sie einen knallgelben Badeanzug tragen, eine lila Perücke aufhaben und Ihnen Pfauenfedern in den Ohren stecken.
- Was war das letzte Musikstück, das Sie sich angehört haben?
- Erinnern Sie sich an das Besetztzeichen Ihres Telefons, und machen Sie jetzt eine Melodie daraus.
- Was sagte die Person an der Kasse zu Ihnen, als Sie das letzte Mal eingekauft haben?
- Welches Gefühl hatten Sie, als Sie sich dazu entschlossen haben, dieses Buch zu lesen? Wie würde es sich anfühlen, wenn Ihnen nun ein Eiswürfel über den nackten Rücken gleiten würde? Wäre das schön?

Wenn Ihre Augen in allen Fällen unbeweglich in der Mitte stehengeblieben sind, sollten Sie ausprobieren, ob Sie ein Bild vielleicht schneller hervorrufen können, wenn Sie Ihre Augen bewußt nach links oben richten. Das kann nützlicher sein, als Sie denken.

An einem meiner Workshops nahm ein zwölfjähriger Junge teil, der Probleme mit dem Lesen hatte. Er litt an Dyslexie, einer Minderung der Fähigkeit, Geschriebenes zu erfassen. Als ich mich darüber informierte, auf welche Weise er sich an Wörter erinnerte, schien es, als würde er oft das „Bild" für den

Gegenstand selbst hervorrufen, anstatt die Buchstaben des Wortes. Er las „Fahrrad" und hatte dabei anstatt des Wortes „Fahrrad" das Bild eines echten Fahrrades vor Augen. Indem ich ihm beibrachte, die Worte in der visuellen Ecke – also links oben – zu suchen, war sein Problem gelöst. Er schien das Problem hauptsächlich in der Schule zu haben, und es war weniger stark, wenn er ruhig war. Wir haben seinem Unterbewußtsein einen „Anker" der Ruhe mitgegeben, den er in der Schule anwenden konnte (ein Anker ist ein äußerer Impuls, der eine Verbindung zu einem bestimmten Gemütszustand herstellt. Jedesmal, wenn man den Impuls gibt, tritt dieser Gemütszustand ein). Einen Monat später hat er seine Kommunion in der Pfarrkirche gefeiert und während der Feierlichkeiten auch vorgelesen.

In Anbetracht der Tatsache, daß wir nicht allein auf der Welt sind und mit anderen kommunizieren müssen, ist es nützlich, wahrnehmen zu lernen, wie andere funktionieren. Wenn zwei Menschen miteinander kommunizieren, die verschiedene Wahrnehmungsfilter benutzen, verfehlen sie einen großen Teil dessen, was der andere ihnen mitteilen will. In einigen Fällen ist dies ein Segen, aber es kann auch zu einer Menge Ärger führen.

Der visuelle Typ (Bildspezialist) wird sagen: „Hast du das denn nicht kommen sehen?" Der kinästhetische Typ (gefühlsorientiert) antwortet: „Nein, das habe ich nicht kommen sehen", wodurch der erste zu einer falschen Schlußfolgerung über die Beobachtungsgabe seines Gesprächspartners kommen wird. Hätte der visuell Eingestellte indessen gewußt, daß der andere eher kinästhetisch orientiert ist, dann hätte er oder sie wahrscheinlich gefragt: „Hast du nicht gespürt, daß das passieren würde?" Der andere hätte dann wahrheitsgemäß antworten können: „Ja, natürlich habe ich gespürt, daß es passieren würde." Auf diese Weise wäre die Kommunikation zwischen den beiden viel effektiver ausgefallen.

Sie können leicht herausfinden, welche Menschen bevorzugt welchen Wahrnehmungsfilter benutzen, indem Sie genau hinhören und feststellen, welche Worte die anderen gebrauchen, um ihre Wirklichkeit zu vermitteln. Es ist nützlich, dies zu wissen, denn Ihr Unterbewußtsein fühlt sich durch jemanden, der innerhalb Ihres eigenen Systems kommuniziert, am ehesten angesprochen. Umgekehrt gilt dasselbe: Wenn Sie möchten, daß Ihre Nachricht richtig verstanden wird, sollten Sie lernen, sich im System Ihres Gegenübers auszudrücken. Beispielsweise ist dies bei jeder Art von Unterricht wesentlich wichtiger, als wir vermuten würden. Wenn diese Tatsache ausreichend berücksichtigt würde, könnten viele Lernschwierigkeiten und Probleme zwischen Lehrern und Schülern vermieden werden.

Die folgende Übersicht macht deutlich, wie wir dieselbe Nachricht durch die verschiedenen Wahrnehmungsfilter schleusen können.

Neutral	Visuell (Bilder)	Auditiv (Geräusche)	Kinästhetisch (Gefühl, Druck, Bewegung)
wahrnehmen	sehen	hören	fühlen
erkennen	einsehen	verstehen	begreifen, erspüren
unterscheiden	den Unterschied sehen	den Unterschied hören	den Unterschied fühlen
nachdenken	betrachten	belauschen	ertasten

Manche Menschen sind wirklich sehr einseitig orientiert. Eines Tages ging ich in Gent auf einem Volksfest spazieren, als ich hinter mir eine Dame zu ihrer Begleiterin sagen hörte: „Haben Sie gesehen, was die zu mir gesagt hat?"

Ich finde es sehr faszinierend, mit Sprache zu spielen und ihr zu lauschen, da unser Sprachgebrauch viel Verborgenes offenlegt. Im Kontext dieses Buches möchte ich lediglich darauf hinweisen, daß wir meist mehrere Wahrnehmungsfilter gleichzeitig benutzen, ohne uns dessen bewußt zu sein. Schauen Sie sich die folgenden Sätze einmal etwas genauer an:

„Sie fand das Kind sehr süß." Hier wird ein Vergleich mit dem Geschmack herangezogen. Aber wie ist das möglich? Wie kann ein Kind süß sein?

„Man sagte ihm, daß es seine Schuld sei, und er hatte daran sehr schwer zu tragen." Wenn er daran sehr schwer zu tragen hatte, müssen die Worte mindestens sechzig Kilo gewogen haben! Wie können Worte ein Gewicht haben?

„Ich erzählte ihm die Neuigkeit, und sogleich ging ihm ein Licht auf." Was hat ein Gedanke mit Licht zu tun?

„Ihr Geigenspiel verursachte bei ihm ein Kribbeln im Bauch." Wieviele Menschen können Klänge fühlen?

„Sie hörte nicht auf, sich aufzudrängen." Ach ja? Wie kann das sein, wenn sie mehr als hundert Kilometer entfernt am Telefon sitzt? Wie kann sie sich dann aufdrängen?

„Als sie nicht damit aufhörte, hatte ich sehr schnell die Nase voll", sagte Johannes. Wie kann ein Mann seine Nase mit einer Frau füllen?

„Sie kommen nur zu fünft anstatt zu zehnt." „Was? Dann haut es nicht hin!" In der Tat, wo sollte es auch hinhauen? Worte, Klänge und Vibrationen können schließlich nicht hauen. Sie sind immateriell.

All diese Redewendungen machen deutlich, daß hier durch bestimmte Filter wahrgenommen wird. Auch anhand der folgenden Beispiele läßt sich das verdeutlichen. Hier wollen wir die verschiedenen Systeme markieren: visuell mit (v), auditiv mit (a) und kinästhetisch mit (k). Dies sind standardisierte

NLP-Abkürzungen, die in diesem Buch hier und da auftauchen werden, um Sie immer wieder an die verschiedenen Wahrnehmungsfilter zu erinnern.

Den Stier bei den Hörnern nehmen (k).
Wir werden sehen, wie der Hase läuft (v).
Das klang wie Musik in seinen Ohren (a).
Die Spatzen pfeifen es schon von den Dächern (a).
Er ist über den Berg (k).
Plötzlich ging ihm ein Licht auf (v).
Es war eine glanzvolle Feier (v).
Wir sind zu einer rauschenden Ballnacht eingeladen (a).
Es war ein spannendes Gespräch (k).

Wahr... falsch, wahr... falsch

Wie oft schon waren wir in einen erbitterten Streit verwickelt, in dem es darum ging, ob eine bestimmte Sache nun so ist oder anders, und haben uns gefragt, wie es nur möglich ist, daß unser Gegenüber so stur an etwas festhält, wovon doch jeder weiß, daß es nicht wahr sein kann? Das führt uns zu zwei guten Fragen, nämlich „Was ist wahr?" und „Wer ist jeder?"

Letztes Wochenende beobachtete ich während eines NLP-Workshops zwei Männer, die zusammen am Frühstückstisch saßen. Der eine zeigte auf die Thermoskanne und fragte den anderen: „Ist das Kaffee?" Der andere antwortete: „Nein, es ist Tee."

Ich war höchst erstaunt, denn es gibt in diesem Zentrum normalerweise niemals Tee in der Thermoskanne; man bekommt entweder heißes Wasser in der Thermoskanne mit Teebeuteln extra oder eben Kaffee. Neugierig stand ich auf und fragte bei passender Gelegenheit: „Woher wissen Sie, daß Tee in der Kanne ist?", worauf mir der Mann antwortete: „Ich habe soeben zwei Tassen davon getrunken."

Da ich es einfach nicht glauben konnte, öffnete ich die Thermoskanne, schenkte mir eine Tasse ein, roch daran und probierte davon, um festzustellen, daß es Kaffee war; zwar nicht gerade ein Espresso, aber doch guter, wohlschmeckender Kaffee. Daraufhin ließ ich den Mann probieren und riechen, und er bestätigte: „Es ist tatsächlich Kaffee..."

Wie kann so etwas passieren? Immerhin waren wir vierunddreißig Personen, und außer diesem Mann hatte bisher keiner den Kaffee für Tee gehalten. Dieser Mann hatte es sich zur festen Gewohnheit gemacht, zum Frühstück Tee zu trinken. „Zum Frühstück trinkt man Tee", das war sein Modell von der Welt. Mit „man" meinte er jeden Menschen. Dieser Mann kommt also zum Frühstückstisch, sieht da die Thermoskanne stehen und denkt: „Das ist Tee." Dies ist seine feste Überzeugung. Er nimmt die Kanne, „sieht" die Farbe, „riecht" den Duft und „schmeckt" die Flüssigkeit. Aber seine feste Vorstellung, daß dies Tee sei, verändert all seine sinnlichen Wahrnehmungen, und so schmeckt, riecht und sieht er Tee statt Kaffee. Angesichts dessen wird es leichter vorstellbar, daß wir nicht mit den Augen sehen, mit den Ohren hören und mit den Händen fühlen, sondern vielmehr ausschließlich mit dem Bewußtsein wahrnehmen. Indem man das anerkennt, kann man sich neunzig Prozent des Ärgers sparen, der aus Streitigkeiten und Konflikten mit Andersdenkenden resultiert.

Die Frage lautete jedoch: „Was ist wahr?" Die absolute Wahrheit kennt vermutlich niemand. Das einzige was wir kennen, ist unsere Wirklichkeit. Im Kontext dieses Buches beschäftigt uns vor allem die Frage: „*Wie* erschaffe ich diese Wirklichkeit?" Wenn ich das nämlich weiß, kann ich auch meine momentane Wirklichkeit aktiv verändern, falls sie mir nicht gefallen sollte. Aber das ist noch nicht alles. Wenn ich darüber hinaus wahrnehmen kann, wie ein anderer Mensch sich seine Wirklichkeit erschafft, kann ich diesem Menschen helfen.

Wie erfahre ich meine Wirklichkeit? Was passiert, wenn ich etwas sehe?

Wenn ich beispielsweise einen Hund sehe, entsteht ein Bild auf meiner Netzhaut. Daraufhin sucht das Gehirn nach einer Erinnerung, ob dieses Bild schon früher einmal gesehen wurde oder womit es vergleichbar wäre. Dann wird nach dem Gefühl gesucht, das dabei entstanden ist, und anhand dieses Gefühls aus der Vergangenheit entsteht ein Gefühl im Jetzt. Dieser gesamte Vorgang vollzieht sich im Bruchteil einer Sekunde. Auf diese Weise lernen wir unsere Umgebung kennen. So entsteht unser Modell von der Welt.

Die Summe unserer Erfahrungen in allen möglichen Bereichen formt letztendlich unsere Weltanschauung. Es ist wichtig zu wissen, daß meine Weltanschauung ganz anders aussehen kann als die meines Nachbarn. Der eine hat Angst vor Hunden, während der andere sie über alles liebt. Was ist die Wahrheit?

In bezug auf den Hund kommen wir der Wahrheit wahrscheinlich am nächsten, wenn wir sagen, daß dies ein Tier ist, dem wir den Namen „Hund" gegeben haben. Die Reaktionen und Gefühle, die in uns ausgelöst werden, wenn wir den Hund sehen, hören, riechen und fühlen, bilden unsere höchst individuelle Wirklichkeit, die wir auf niemand anderen übertragen können. Auch die Etiketten, die wir wählen, um unsere Gefühle in Worte zu fassen, wie beispielsweise „gefährlich", „lieb" oder „treu", gehören zu unserer Wirklichkeit; aber wie gefährlich oder wie treu, das können wir niemals genau so in Worte fassen, wie wir es empfinden.

Wie kann ich dir nur vermitteln (k), wie grün ich dieses Grün finde (k)? Wie kann ich erfahren, auf welche Weise du dieses Grün erfährst, das wir beide betrachten? Die Wirklichkeit ist individuell und entsteht durch die Art und Weise, wie wir die Wahrheit erfahren. Die Wahrheit selbst bleibt bei all dem unverändert.

Wir brauchen also für den Fall, daß wir unsere Wirklichkeit verändern, nicht zu glauben, daß wir auch nur irgend etwas an der Wahrheit ändern könnten oder der Wahrheit gar etwas antun würden (k). Daher können wir getrost mit unserer Wirklichkeit experimentieren und sie so verändern, daß sie uns Freude bereitet und Harmonie schenkt.

Wie aber machen wir das? Es ist viel einfacher, als man denkt; aber der Schlüssel liegt eher im Tun als im Darüber-Lesen (v), denn wenn wir nur etwas darüber lesen, verfehlen wir die Erfahrung, und es ist vor allem die Erfahrung, die eine Veränderung in einem Glaubenssystem oder einer Überzeugung hervorbringt. Erfahrungen werden durch Übungen bewirkt, die man macht, um zu spüren, was sich dadurch verändert (k). Es hat keinen Sinn, in einer Wahr-Falsch-Diskussion eine dritte Person hinzuzuziehen, denn aufgrund des Gesetzes der Resonanz werden Sie jemanden anziehen, der „wahr" fühlt, während der andere jemanden hinzuziehen wird, der „falsch" fühlt. Da Sie alles, was Sie hören, sehen und fühlen, zu Ihrem Weltbild in Beziehung setzen, werden Sie darüber hinaus alles, was der „Falsch"-Vertreter sagt oder tut, dahingehend abändern, daß es letztendlich doch als Beweis für Ihre Meinung dient, oder aber Sie werden der Ansicht sein, daß der andere lügt. In beiden Fällen ist das Ergebnis, daß Sie bei Ihrem „Wahr" bleiben werden.

Übung

Rufen Sie sich eine Situation ins Gedächtnis, in der Sie mit jemandem über eine Sache diskutierten, wobei Sie wissen, daß Sie damals im Recht waren.

Stellen Sie sich an einen Punkt, den wir A nennen wollen.

Nun stellen Sie sich vor, daß die „Falsch"-Person in einem Abstand von zwei Metern links von Ihnen steht; diesen Punkt nennen wir B.

Schauen Sie sich die Person an, und stellen Sie sie auf eine sich langsam drehende Scheibe, so daß Sie ihn oder sie von allen Seiten betrachten können. Auf diese Weise erhält die Person die richtigen Proportionen.

Beim nächsten Mal, wenn er oder sie mit dem Gesicht zu Ihnen gewandt ist, halten Sie die Drehscheibe an.

Erinnern Sie sich jetzt daran, worüber Sie damals miteinander gesprochen haben. Sie hören sich selbst reden, Sie hören auch, was der andere sagt, Sie sehen ihn oder sie und fühlen, was Sie damals fühlten.

Treten Sie nun aus sich heraus – schütteln Sie sich gewissermaßen selbst ab, gehen Sie kurz ein wenig durch den Raum oder denken Sie zeitweilig an etwas anderes.

Begeben Sie sich dann an einen dritten Punkt, den Sie als C

bezeichnen. Dieser Punkt liegt auf der Spitze eines gleichseitigen Dreiecks, dessen andere Eckpunkte A und B sind. An diesem Punkt nehmen Sie die Position eines neutralen Beobachters ein, der als Zeuge hinzugezogen wurde, der aber keinerlei Bedürfnis hat, die Szene zu verändern oder irgend etwas hinzuzufügen. Es ist also eine vollkommen neutrale Person, die beide beobachtet, anhört und feststellt, was sie zueinander sagen und was sie tun, und die dabei ebenfalls ein bestimmtes Gefühl hat. Sie fühlt nicht, was Sie beide fühlen, aber sie spürt, wie das ist, wenn zwei Menschen so miteinander umgehen, wie Sie beide dies von Punkt A und Punkt B aus tun.

Treten Sie dann auch aus dieser Rolle heraus, schütteln Sie sie von sich ab und denken Sie kurz an etwas anderes.

Begeben Sie sich dann auf Punkt B, wo soeben noch der andere stand. Nehmen Sie jetzt seinen oder ihren Standpunkt ein, indem Sie nach Punkt A schauen, von wo die Übung ausgegangen ist.

Sie sehen sich selbst nun durch die Augen des anderen, und sehen und hören dasselbe, was gerade gesagt und getan wurde, nun allerdings von der anderen Seite aus.

So fühlen Sie nun, was der andere damals gefühlt haben mag. Sie fühlen wie das ist, wenn jemand wie Sie sich mit einem anderen streitet.

Treten Sie dann wiederum aus dieser Rolle heraus und schütteln Sie sie ab. Gehen Sie ein bißchen herum und denken Sie an etwas anderes.

Rufen Sie sich schließlich noch einmal die ganze Pro und Kontra-Situation ins Gedächtnis und erspüren Sie, ob Sie jetzt anders an diese Situation zurückdenken: Schauen, hören und fühlen Sie dabei ganz bewußt!

Wenn Sie keinen Unterschied bemerken, wiederholen Sie die Übung noch einmal, und wenn das nichts hilft, auch noch ein drittes Mal.

Durch diese Übung haben Sie wahrscheinlich eine Menge an Informationen gewonnen – Informationen, die Sie in die Lage versetzen, ein anderes Gefühl gegenüber starren Pro und Kontra-Positionen zu entwickeln. Wenn Sie möchten, können Sie jetzt einmal eine Pro und Kontra-Situation betrachten, in der Sie sich gerade jetzt befinden. Wenn Sie dabei diese Übung anwenden, werden Sie mit größter Wahrscheinlichkeit auch in diesem spezifischen Fall eine tiefere Einsicht gewinnen. Als Folge davon werden Sie sich in bezug auf diese Situation oder Person schnell anders zu verhalten lernen. Sie werden mit den neu entstandenen Verhältnissen sicherlich zufrieden sein.

Übung „Wahr"-„Falsch"

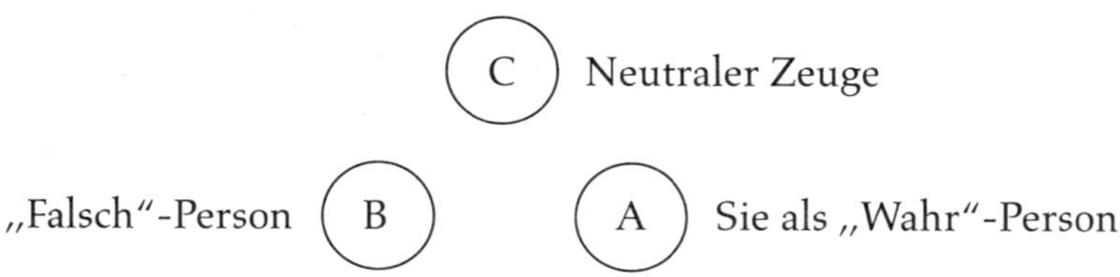

Erste Phase: Sie befinden sich auf Punkt A: Sie beobachten B, hören B zu und fühlen, was Sie damals fühlten.

Zweite Phase: Als neutraler Zeuge treten Sie in Punkt C ein. Sie beobachten A und B, hören beiden zu und fühlen, was C fühlt.

Dritte Phase: Sie schlüpfen in die Haut der „Falsch"-Person, begeben sich also auf Punkt B, betrachten den Standpunkt von A und fühlen, was die „Falsch"-Person fühlt.

Gehören Sie auch zum Club?

Wir haben ein bestimmtes Modell von dieser Welt in unserem Kopf. Dieses Modell ist durch verschiedene Erfahrungen entstanden, durch die unser Bewußtsein und unser Unterbewußtsein geprägt wurden. Dies entspricht dem Programm, mit dem der Computer gefüttert worden ist, oder besser gesagt: mit dem wir selbst unseren Computer gefüttert haben.

Welche Menschen mögen wir am liebsten, und mit welchen Menschen fällt uns der Umgang am leichtesten? Vermutlich werden es die Menschen sein, die in etwa dasselbe Weltbild haben. Finden (k) Sie Fußball interessant, dann werden Sie wahrscheinlich mit Menschen zu tun haben, die sich auch gern ein Fußballspiel anschauen (v). Sie werden die Sache sogar noch verfeinern, indem Sie sich speziell mit jenen Menschen treffen, die demselben Fußballclub angehören. Ein gutes Beispiel ist auch die Besetzung von Kuwait durch den Irak unter der Führung von Saddam Hussein. Wenn Sie sich darüber mit einem Europäer unterhalten haben (a), dann wird die Wahrscheinlichkeit groß sein, daß dieser etwa den gleichen Standpunkt eingenommen hat (k) wie Sie selbst.

Natürlich ist dies eine gute Methode, wenn Sie beabsichtigen, sich mit einer bestimmten Ansicht gut zu fühlen (k) und in Ihrer Meinung bestärkt zu werden. Wäre es jedoch Ihr Wunsch gewesen, einen anderen Gesichtspunkt (v) kennenzulernen, so hätten Sie gut daran getan, über diese Sache auch einmal mit einem Araber Gedanken auszutauschen (k). Hätten Sie mit einem Araber gesprochen (a), hätte dies Ihren Blick (v) und dadurch auch Ihr Modell von dieser Welt erweitern (k) können, falls Sie dazu bereit gewesen wären.

Wenn Sie ein beschränktes und eingeengtes Bild von der Welt haben, dann ist sowohl auf der linken als auch auf der rechten Seite dieses Bildes noch ein großes Gebiet, das nicht in Ihren Rahmen paßt und Ihnen somit unangenehme Gefühle bereitet. Wäre da irgend etwas, mit dem Sie einverstanden sein könnten, dann wäre es ja bereits in Ihrem Bild von der Welt enthalten. Je kleiner Ihr Weltbild ist, desto größer ist die Wahrscheinlichkeit, daß Sie ängstlich sind, sich bedroht fühlen und daß Sie in Opposition treten werden. Wenn Sie zu der Erkenntnis gelangen könnten, daß es verschiedene Standpunkte (k) gibt, von denen aus man die Dinge betrachten kann (v), ohne dabei die Wahrheit zu verletzen, könnten Sie auf diese Weise Ihr Bewußtsein erweitern.

Indem Sie Ihr Weltbild erweitern, wächst auch der Club jener Menschen, mit denen Sie gut auskommen. Wir könnten dies „Horizontale Bewußtseinserweiterung" nennen. Wenn Sie also andauernd in Diskussionen verwickelt sein sollten und sich immerzu streiten, obwohl Sie dies eigentlich unangenehm finden (k), sollten Sie sich vielleicht die Mühe machen, mal um die Ecke zu schauen (v). Dabei könnten Sie vielleicht entdecken, daß mehr Harmonie (a) und Glück zu erreichen sind (k), wenn man jenen Aspekt der Wahrheit integriert, den die Menschen um die Ecke entdeckt haben. Zusätzlich können Sie dadurch auch noch Ihr Weltbild bereichern.

Oft fragen wir: „Wie hast du das herausgefunden?" Wenn uns das auch nicht unbedingt bewußt ist, fragen wir damit nach der Art, wie der andere aus Tausenden von Möglichkeiten eine herausgesucht hat, und danach, was der Betreffende dadurch entdeckt oder „gefunden" hat.

Stellen Sie sich vor, daß Sie vor einem Gemälde von Peter Paul Rubens stehen. Sie betrachten es durch die Filter Ihres Weltbildes und Ihres Interessengebietes und entdecken verschiedene Details. Vielleicht sind Sie ein Modeschöpfer. Dann könnte es gut möglich sein, daß Sie die prächtig drapierten Stoffe um Schultern und Lenden der abgebildeten Frauen bewundern. Ein anderer sieht und „findet" wiederum etwas anderes in diesem Gemälde. Er könnte beispielsweise entdekken, daß Rubens kräftige Frauen geliebt haben muß und nicht davor zurückschreckte, sie entsprechend auf die Leinwand zu zaubern. Ein Dritter würde dieses Bild um kein Geld der Welt in sein Wohnzimmer hängen, da er oder sie „findet", daß es viel zu düster ist und außerdem die Blumen fehlen. Der nächste „findet" den Rahmen schön. Ein anderer wiederum „findet", daß sie für diesen Preis etwas Besseres hätten anfertigen lassen können. Wieder ein anderer wird dadurch verführt, daß er einer Dame in der Ecke des Gemäldes in die Augen schaut, und er „findet", daß Rubens ein Mensch mit tiefen Gefühlen gewesen sein muß.

In ein und demselben Gemälde werden also verschiedene Aspekte „gefunden", die sich Stück für Stück in das Weltbild der Personen einfügen, die es betrachten. Sie sehen also nur eine bestimmte Anzahl von Aspekten, während Sie die anderen nicht sehen können. Jeder dieser Aspekte ist in der Wahrheit enthalten; was Sie „finden", ist Ihre Wirklichkeit. Mit dieser Wirklichkeit leben Sie. Wenn Sie mehr über dieses Gemälde wissen möchten, können Sie sich auf die Suche machen und andere Menschen fragen, was sie darin „gesehen" haben. Am günstigsten ist es, Menschen zu fragen, die ein vollkommen anderes Weltbild haben, denn die „finden" auch etwas vollkommen anderes und erst dann wird es richtig interessant, jedenfalls ist das meine Meinung. Fragen Sie dagegen Menschen aus Ihrem eigenen „Club", dann ist es sehr wahrscheinlich, daß sie ungefähr dasselbe gesehen haben wie Sie.

Suchen Sie manchmal Ihren Schlüssel?

Rufen Sie sich eines der letzten Male in Erinnerung, an dem Sie Ihren Schlüssel verlegt hatten und ihn nicht wiederfinden konnten. Wählen Sie aus all diesen Fällen denjenigen, bei dem etwa folgendes geschah: Sie gehen in die Küche, denn dort haben Sie den Schlüssel zum letzten Mal gesehen; Sie schauen herum, aber Sie sehen ihn nicht; Sie sind erstaunt und suchen weiter. Sie gehen ins Wohnzimmer, suchen auch dort überall und finden ihn nicht. Daraufhin gehen Sie ins Badezimmer, aber auch dort ist er nicht. Sie laufen zurück in die Küche, denn Sie sind sich sicher, daß Sie ihn dort zuletzt in den Händen hatten; Sie schauen herum, aber Ihr Schlüssel ist nirgends zu finden. Sie machen noch einmal die gleiche Runde, aber auch diesmal vergeblich. Sie setzen sich hin und sagen zu sich selbst: „Ich muß meinen Schlüssel finden, sonst kann ich nicht weg, und ich muß doch meine Einkäufe erledigen." Verstört stehen Sie auf und gehen in die Küche, um sich ein Glas Wasser zu holen, und was liegt da sichtbar und offen auf dem Tisch? Genau, Ihr Schlüssel.

Erleichtert sind Sie damals fortgegangen, um einzukaufen oder etwas anderes zu machen. Hätten Sie sich kurz hingesetzt, in höchstem Erstaunen darüber, wie es nur möglich war, daß Sie zweimal am Küchentisch vorbeigehen konnten, ohne den Schlüssel zu sehen, der doch offensichtlich dort lag, dann hätten Sie vielleicht etwas über sich selbst entdecken können. Glücklicherweise ist es dazu noch nicht zu spät, denn Sie können diese Entdeckung auch jetzt noch machen, sofern Ihr Gedächtnis gut genug ist.

Was waren die Worte, die Sie zu sich selbst sagten, als Sie entdeckten, daß Sie den Schlüssel nicht hatten? Wahrscheinlich sagten Sie so etwas wie: „Ich habe meinen Schlüssel verloren, und ich muß meinen Schlüssel 'suchen'." Ihr Unterbewußtsein ist ein sehr treuer Diener und Verbündeter, und es führt die Aufträge, die Sie ihm geben, mit äußerster Präzision aus. Sie gaben den Auftrag, den Schlüssel zu „suchen". Das Suchen an sich kann eine durchaus unterhaltsame Aktivität sein. Ich erinnere mich beispielsweise daran, wie wir in meiner Jugend die im Garten versteckten Eier suchen durften, sobald zu Ostern die Kirchenglocken läuteten. Ich fand dies so aufregend, daß ich die Ostereier, die ich irgendwo liegen sah, noch etwas besser versteckte, um so die Suche zu verlängern. „Finden" ist eine völlig andere Aktivität, die dem Suchen meist ein schnelles Ende bereitet.

Wenn Sie Ihrem Verbündeten, dem Unterbewußtsein sagen: „Ich muß meinen Schlüssel 'suchen'", dann faßt es dies wortwörtlich auf, nämlich als einen Auftrag, den Schlüssel zu „suchen"! Kommen Sie also in die Küche, wo Ihr Schlüssel liegt, dann filtert Ihr Unterbewußtsein das Bild des Schlüssels weg, und Sie sehen ihn nicht. Um zu vermeiden, daß die Suche schon zu Ende ist, dringt das Bild gar nicht bis zu Ihnen durch. Wenn Sie die Suche aufgeben, gibt es keinerlei Grund mehr, warum Sie den Schlüssel nicht auch finden sollten. Wenn Sie sich genau zurückerinnern, haben Sie das letzte Mal wahrscheinlich zu sich selbst gesagt: „Ich muß meinen Schlüssel finden." Diese letzte Anweisung an Ihren Verbündeten ist ganz anders als die vorige. Die faszinierendste Folgerung, die sich daraus ergibt, ist, daß wir nicht mit den Augen sehen, sondern mit dem Bewußtsein.

Sollten Sie einmal ein Brüderchen oder Schwesterchen gehabt haben, das der Liebling Ihrer Eltern war, dann haben Sie die Folgen dieser Tatsache vermutlich am eigenen Leib erfahren müssen. Ihre Schwester stellte irgend etwas an, und Ihre Eltern „sahen", daß Sie es wieder ausgefressen hatten. Sie haben zusammen einen Streich ausgeheckt, doch der einzige, der dafür bestraft wurde, waren Sie, denn die Eltern „fanden", daß Sie es besser hätten wissen müssen. Vielleicht verstehen Sie jetzt, daß sie es damals wahrscheinlich tatsächlich nicht „sehen“ konnten – mit ihrem Bewußtsein.

Ich sehe was, was du nicht siehst

Wenn es stimmt, daß wir nicht mit den Augen sehen, sondern mit dem Bewußtsein, dann erklärt das eine ganze Menge. Es bedeutet nämlich zum Beispiel, daß wir Dinge, von denen unser Unterbewußtsein meint, sie könnten uns schaden, vielleicht gar nicht mehr hören oder sehen. Beispielsweise könnte es sein, daß wir ein Gespräch mit jemandem geführt haben, und wenn unser Gesprächspartner später darauf zurückkommt, wird er möglicherweise feststellen, daß wir eine ganze Reihe wichtiger Aussagen gar nicht gehört haben. In solchen Fällen neigen wir dazu, dem anderen vorzuwerfen: „Das hast du aber gar nicht gesagt!"

Noch schlimmer ist es, wenn Sie in einer Situation leben *müssen,* in der Sie tagtäglich mit vielen schädlichen Aussagen attackiert werden. In diesem Fall könnte Ihr Unterbewußtsein schon einmal zu weitreichenden Maßnahmen greifen, um Sie zu schützen. Dies könnte sogar so weit führen, daß Sie in der Tat einigermaßen taub werden.

John Grinder erzählte mir, daß er bei sich zu Hause eine Schachtel hat, die mit allen möglichen Hörgeräten und Brillen gefüllt ist, welche die Besitzer nach einer aufklärenden Sitzung nicht mehr zu benötigen schienen. Ferner erzählte er, daß ihm schon öfter aufgefallen sei, daß Brillenträger in dem Moment, wo sie sich unverhofft in einer bedrängenden Situation oder Diskussion wiederfinden, spontan die Brille abnehmen. Der unbewußte Grund dafür ist, daß sie dieser Situation nicht ins Auge sehen wollen und sich das Sehen also buchstäblich erschweren. Ihr Unterbewußtsein „denkt", daß es sie auf diese Weise schützen kann. Die Intention mag sicherlich positiv sein, doch in der Praxis geraten diese Menschen dadurch vermutlich in noch größere Schwierigkeiten. Auf jeden Fall werden sie so keine Probleme lösen.

Wenn ich schreibe, daß Sie mit bestimmten Situationen leben *müssen*, so gebe ich damit eine kollektive Überzeugung wieder, nämlich daß es Situationen gibt, die uns keine Wahl lassen. Ich persönlich teile diese Meinung nicht. Auch indem ich schreibe, daß Sie mit schädlichen Äußerungen attackiert werden, verweise ich auf eine kollektive Überzeugung, die ich nicht teile. Meiner Meinung nach ist es nämlich nicht möglich, daß irgend jemand Ihnen Schaden zufügen kann, indem er etwas zu Ihnen sagt. Sollte wirklich ein Schaden entstehen, so sind Sie selbst dafür verantwortlich. Viele der sogenannten schädlichen Einflüsse stellen sich bei näherer Betrachtung als durchaus brauchbare Feedbacks heraus, die Ihrer Entwicklung sehr förderlich sein können. Indem Sie die Sache auf diese Weise betrachten, verfügen Sie über einen sehr viel nützlicheren Filter als vorher.

Obwohl Ihr Bewußtsein je nach Ihrem Weltbild bestimmt, was Sie hören, und dies auch entsprechend färbt, können Sie lernen, auf das zu hören, was man über Sie sagt, und zwar, indem Sie dazu übergehen, Ihre Überzeugungen anzupassen. Anstatt daß Sie sich selbst schützen, indem Sie gewisse Dinge nicht mehr sehen und nicht mehr hören, und dabei letztlich gar taub oder kurzsichtig werden, wäre es doch viel nützlicher und angenehmer, wenn Sie Ihr Unterbewußtsein anders programmieren könnten. Sie könnten zum Beispiel die Ansicht vertreten, daß es keine Kritik gibt, sondern nur Feedback (nützliche Informationen, die zu Ihnen zurückkommen). Wenn Sie diese Ansicht in Ihr Weltbild einfügen, so können Sie ruhig alles hören und sehen, und alle Dinge, die schön anzuhören oder anzusehen sind, genießen, ohne sich im Nebel der Emotionen zu verlieren (k).

Wenn Ihr Unterbewußtsein nur den Impuls bekommt: „Ich muß mich gegen das schützen, was ich höre" und darüber hinaus keine Instruktionen, wie das anzustellen sei, dann wählt es den bequemsten Weg, nämlich eine Ohrenentzündung oder

Taubheit, die entweder kurzzeitig oder in bestimmten Zusammenhängen auftreten kann. Ihrem Unterbewußtsein fehlt, wie vielleicht auch Ihrem Bewußtsein, die Einsicht (v), daß es nicht um die Klänge geht, die Sie hören, und daß es somit nicht die Klänge sind, die Sie vermeiden wollen, sondern die Worte. Wenn wir noch etwas intensiver darüber nachdenken, dann sind es nicht einmal die Worte, gegen die wir uns schützen wollen, sondern es ist der *Schmerz*, der durch die Worte ausgelöst wird. Gegen die Worte selbst müssen wir uns nicht schützen, es sei denn, sie werden so laut und so nah an unserem Ohr gebrüllt, daß unser Trommelfell zu platzen droht. Wie kommt es, daß Worte Schmerzen verursachen können?

Kürzlich traf ich einen Freund, der unglücklich aussah und auch bestätigte, es zu sein. Er hatte nämlich Streit mit seiner Frau gehabt und sagte: „Sie spricht nicht mehr mit mir", und das fand er sehr schlimm. Ich fing an zu lachen, mußte ich doch an die Geschichte denken, in der zwei Eheleute sich lautstark streiten und die Frau ihren Mann anschreit: „Wenn du das tust, spreche ich nicht mehr mit dir!", worauf der Mann zurückschreit: „Ja, ja, das kenne ich schon, nichts als Versprechungen." Es sind die gleichen Worte, nur macht jeder etwas ganz anderes daraus.

Als ich noch in der Schule war, hatte ich gemeinsam mit meinen Klassenkameraden in einem öffentlichen Schwimmbad Schwimmunterricht. Immer wenn der Lehrer den Schlußpfiff gab und „alle raus" rief, sprang ich als erster aus dem Wasser, denn Chlorwasser war mir absolut zuwider. Ich erinnere mich genau, daß der Lehrer manchmal zwei- bis dreimal pfeifen und rufen mußte, um ein paar begeisterte Wasserratten zu bewegen, aus dem Wasser zu kommen.

Dieselben Worte mit demselben Inhalt lösen bei dem einen Bedauern, bei dem anderen hingegen Erleichterung aus.

Es sind also nicht die Worte selbst, auf die es ankommt, sondern vielmehr die Gefühle, die sie bewirken. Worte an sich können jedoch kein Gefühl auslösen. Worte liegen außerhalb von uns. Wir holen sie nach innen und färben ihren Inhalt. Der eine *macht* dies daraus, der andere etwas anderes. Der eine *macht* Erleichterung daraus, der andere Bedauern. *Wir* sind die Künstler, die das Resultat erschaffen. Wir verbinden ein Wort mit einer früheren Erfahrung und erleben sodann die gleiche Erfahrung, die wir damals hatten, vor langer Zeit, als hätte sich inzwischen nichts verändert. Wir erleben also nicht, was jetzt ist, sondern, was früher war.

Wenn Ihre Reaktionen auf bestimmte Worte bisher immer unverändert die gleichen waren, werden Sie nach der Lektüre dieses Buches vermutlich in der Lage sein, dies zu verändern. In der NLP-Sprache nennt man das *umprogrammieren.*

Wäre es mir in meiner Jugend gelungen, meine Aufmerksamkeit auf andere Aspekte des Schwimmens zu richten, dann hätte ich es ebenso genießen können, wie die anderen. Hätte ich meine Mitschüler, die Wasserratten, gefragt, wie sie es nur schaffen, im Schwimmen etwas Schönes zu sehen, dann hätte ich das vielleicht auch machen können, anstatt für den Rest meines Lebens eine Abneigung gegen das Schwimmen in Schwimmbädern zu haben. Vielleicht wäre es mir dann möglich gewesen, mein Bewußtsein auf die angenehmen Aspekte des Schwimmens zu lenken, beispielsweise die Frische, das Gefühl der Freiheit und Leichtigkeit, das am Körper vorbeigleitende Wasser, der Moment des Schwebens, bevor man in das Wasser eintaucht, und so weiter. Vielleicht hätte ich dann den Chlorgeruch vergessen können, vielleicht hätte ich ihn sogar nicht einmal mehr bemerkt. Stattdessen entschied ich mich damals, einen einzelnen Aspekt dermaßen überzubetonen, daß es für mich nichts anderes mehr gab als den Gestank des Chlors.

Im NLP bezeichnet man dies als *tunneling*. Ein einzelner Aspekt wird derart aufgeblasen, daß er alle anderen wegdrückt. Sie sehen, hören und fühlen wie durch einen Tunnel. Das einzige, was Sie interessiert, ist das, was am Ende des Tunnels liegt; der Rest ist nicht mehr da und tut nichts mehr zur Sache. Inzwischen wissen wir ja, daß dies dann auch tatsächlich Ihre Wirklichkeit ist. Wieviele andere Dinge es noch geben mag, spielt für Sie keine Rolle mehr und auch für Ihren Körper nicht. Ihr Körper wird auf Ihre Tunnelsicht reagieren. Dies wird am folgenden Beispiel deutlich.

Ein pubertierender Jüngling hat für Samstagabend eine Verabredung mit einem Mädchen. Er zieht sich an, wäscht sich, kämmt seine Haare und bemerkt dabei, daß er einen kleinen Pickel im Gesicht hat. Voll Abscheu starrt er auf dieses Symbol der Pubertät, und je länger er das tut, desto größer wird der Pickel. Schließlich sieht er im Spiegel nicht mehr sein Gesicht, sondern nur noch einen gigantisch großen Pickel.

Dies könnte dazu führen, daß er sich in seinem Zimmer einsperrt und sich nicht traut, zu seiner Verabredung zu gehen. Sein Vater und seine Mutter könnten, falls sie überhaupt die Gelegenheit dazu haben sollten, eine Meßlatte holen und messen, wie groß der Pickel im Verhältnis zu seinem restlichen Gesicht ist, aber das würde auch nichts mehr retten. Das also ist eine Tunnelsicht.

Ich kenne auch jemanden mit Tunnelohren. Irgendwann in seinem Leben hat sich in seinem Unterbewußtsein eine Verbindung zwischen Knabber- und Schmatzgeräuschen beim Essen und einem fürchterlichen Ekelgefühl festgesetzt, was dazu geführt hat, daß der Mann jedem Schmatzenden am liebsten den Hals umdrehen würde. Tragischerweise ist dieser Mann Besitzer einer Restaurantkette und wird demnach andauernd mit seinem Problem konfrontiert.

Eine der Methoden, die man erlernen sollte, um sich von einem derartigen Problem zu befreien, ist das Panoramahören oder Panoramasehen.

Übung

Schauen Sie nach vorn auf einen Punkt, und konzentrieren Sie sich darauf. Sie sehen nur noch diesen Punkt und sind vollkommen auf ihn fixiert.

Vergrößern Sie dann Ihren Blickwinkel, so daß Sie von allem Notiz nehmen, was in einem Winkel von 45 Grad links und rechts von diesem Punkt zu sehen ist, wobei Sie weiterhin diesen einen Punkt fokussieren und sich nicht davon abwenden.

Erweitern Sie dann Ihren Blickwinkel noch einmal, indem Sie nun alles wahrnehmen, was 90 Grad zu beiden Seiten des Punktes zu sehen ist, ohne sich dabei von diesem Punkt abzuwenden. Gehen Sie dann noch weiter, so weit Sie können. Achten Sie aber darauf, daß Ihre Augen sich nicht vom ursprünglichen Punkt entfernen. Gehen Sie soweit, bis Sie nahezu hinter sich blicken können.

Kehren Sie dann zum ursprünglichen Punkt zurück. Wir wiederholen die Übung noch einmal.

Zuerst sehen Sie nur den einen Punkt. Dann nehmen Sie wahr, was sich 45 Grad links und rechts von diesem Punkt befindet. Erweitern Sie dann noch einmal Ihr Blickfeld soweit Sie können, ohne den Blick vom Ausgangspunkt abschweifen zu lassen.

Auf diese Weise erhalten Sie mehr Informationen, und je mehr Informationen Sie bekommen, desto weiter wird Ihr Blickfeld. Dies ist in diesem Fall sogar wortwörtlich zu nehmen: Je weiter Ihr Blickfeld wird, desto weiter wird Ihr Weltbild und desto weniger werden Sie in Konflikte verstrickt.

Die gleiche Übung können Sie auch für das Hören machen. Zunächst hören Sie auf die Geräusche, die ganz nah sind, und zwar am besten auf ein einzelnes Geräusch. Dann nehmen Sie noch ein Geräusch aus der Nähe dazu, dann ein Geräusch, das weiter weg liegt, dann das am weitesten entfernte, noch wahrnehmbare Geräusch. Kehren Sie dann wieder zurück und wiederholen Sie die ganze Übung.

Eines der schönsten Beispiele für die Vorteile der Panoramasicht, das ich je gesehen habe, ist ein Werbespot des Fernsehsenders BBC. Darin sieht man eine ältere Dame, die auf dem Gehweg spaziert; die Handtasche hängt ihr locker über der Schulter und ist geöffnet. Dann sieht man einen ziemlich unheimlich aussehenden jungen Mann, der die Frau beobachtet. Plötzlich stürmt der junge Mann auf die Frau zu, ergreift sie und schleift sie in einen Hauseingang.

Nach einer kleinen Pause, in der man über das Gesehene nachdenken kann, erscheint eine Mitteilung auf dem Fernsehschirm: „Nun werden wir Ihnen das ganze Bild (Panorama) zeigen."

Daraufhin sieht man nochmals das erste Bild, jetzt allerdings aus größerem Abstand aufgenommen. Man sieht die alte Dame mit der offenen Handtasche und gleichzeitig den unheimlich aussehenden jungen Mann etwa zwanzig Meter schräg hinter ihr. Die alte Dame geht an einem Gebäude vorbei, an dem gebaut wird. Auf dem Dach liegt ein Stapel Holzbalken; ein zur Seite schwenkender Kran stößt gegen diesen Stapel Holz; die Holzbalken beginnen zu kippen. Der junge Mann sieht es, stürmt auf die Frau zu und zerrt sie in den Hauseingang. Dann folgt der Werbeslogan: „Unsere Zeitung zeigt Ihnen das ganze Bild."

Im Kapitel „Selbstachtung und Grenzen" werden wir etwas über den Nutzen des Panoramablicks für unser tägliches Leben erfahren. Wenn Sie etwas über sich selbst in Erfahrung bringen wollen, müssen Sie sich nur umschauen. Ihre Umgebung lehrt Sie, wer Sie sind. Irgend jemand drückte dies einmal sehr schön aus: „Deine Umgebung ist dein wahrer Guru." Als Guru bezeichnete er einen Menschen, der einen anderen aus der Dunkelheit ins Licht führt. Indem Sie erkennen, wie Sie Ihre Wirklichkeit erschaffen, beginnen Sie zu verstehen, wie Ihr Weltbild aussieht. Wenn Sie dies begriffen haben, stehen Ihnen alle Wege offen, etwas zu verändern, wann immer Sie das möchten.

Wenn Sie mit dem Bild herumlaufen, daß Sie zum Unglücklichsein geboren sind, und wenn Ihnen dies immer dadurch bestätigt wurde, daß Sie Negatives angezogen haben, dann können Sie *jetzt* beschließen, etwas an diesem Bild, an dieser Überzeugung zu verändern. Wie Sie das tun können, erfahren Sie in diesem Buch.

Einrahmen und Neurahmen

Meine Frau und ich haben zwei Katzen: Mina, die gerade sechs Kleine zur Welt gebracht hat, und unseren Kater Paulchen. Aufgrund der ganzen Aufregung um Mina war Paulchen ausgezogen, und er war schon drei Tage und Nächte unterwegs. Während ich vermutete, daß er in der guten Gesellschaft einiger benachbarter Katzen verkehrte, machte sich meine Frau große Sorgen. Um sicherzugehen erkundigte ich mich bei Avil, einem Bauern aus der Nachbarschaft, der jedes Plätzchen und jedes Tier der Gegend genauestens kennt. Und tatsächlich hatte er unser Paulchen zusammen mit zwei Katzendamen gesehen und sogar bemerkt, daß er einfach aus deren Näpfchen mitgefressen hatte; das war also der Grund, warum er zum Fressen nicht mehr nach Hause gekommen war. Noch am selben Tage kam Paulchen dann doch einmal kurz bei uns vorbei. Meine Frau empfing ihn wie einen Prinzen. Er wurde auf den Arm genommen und bekam sogar das höchst delikate Katzenfutter aus den kleinen Aluminiumtöpfchen, das wir für die kleinen Kätzchen gekauft hatten. Er wurde gestreichelt und verhätschelt, daß es die reine Freude war. Nach zehn Minuten war er wieder verschwunden. Ich sagte meiner Frau, daß ich diese Szene sehr genossen hätte, da sie auf mich sehr beruhigend wirkte. Geschmeichelt aber auch ein wenig erstaunt über meine Bemerkung fragte sie: „Wieso?“ Darauf entgegnete ich: „Nun ja, wenn ich auch einmal drei Tage und Nächte mit einigen netten Mädchen verbringen sollte, weiß ich jetzt schon, wie ich danach empfangen werde.“

Das ist eine Neurahmung. Die Katzengeschichte bekommt einen neuen Rahmen, indem sie auf menschliche Umstände übertragen wird. In diesem Fall war es eine erfolglose Neurahmung, denn meine Frau sah die Sache etwas anders und äußerte dies mit Nachdruck, um mir klarzumachen, daß ich die beiden unterschiedlichen Rahmen auseinanderzuhalten hatte.

Im NLP wird viel mit Neurahmung gearbeitet. Es ist eine sehr wirksame Technik, die sowohl in der Therapie als auch in der Managerschulung eingesetzt wird. Bevor wir jedoch neue Rahmen setzen können, müssen wir wissen, was „einrahmen" bedeutet. Darunter versteht man das, was ich bereits beschrieben habe, nämlich, daß wir Geschehnisse in uns aufnehmen, sie färben, sortieren und ihnen im „Rahmen" unserer Kultur und unserer individuellen Erziehung oder Programmierung eine Bedeutung geben. Das können wir nur innerhalb des uns bekannten Rahmens tun. Unser Bild von der Welt hängt in einem Rahmen, und unser Bewußtsein filtert und färbt die Dinge, so daß sie in diesen Rahmen passen.

Als Neurahmung bezeichnen wir es, wenn wir ein Geschehnis oder eine Handlung in einen anderen Kontext setzen, wenn wir Dinge von einem anderen Standpunkt aus betrachten, so daß beispielsweise ein Hindernis geradezu zu einem Hilfsmittel oder zu einer Stütze wird. In der Therapie wird eine besondere Form der Neurahmung verwendet, um einen Impuls, der bestimmte Symptome hervorruft, wegzunehmen und ihn durch einen anderen Impuls zu ersetzen, wodurch der Genesungsprozeß eingeleitet wird.

Für alle Menschen, die an ihrer persönlichen Entwicklung arbeiten, ist die Neurahmung ein Hilfsmittel, um Blockaden aus dem Weg zu räumen, und eine Möglichkeit, die Energie, die zur Aufrechterhaltung dieser Blockaden benötigt wurde, anderswo einzusetzen.

Innerhalb von Betrieben können völlig neue Impulse gesetzt werden, wenn im Management alte Rahmen durch neue ersetzt werden. Die Neurahmung kann auch für diejenigen eine wertvolle Hilfe sein, die anderen ihre Ideen „verkaufen" wollen, etwa für Werbeleute oder Politiker.

Erfolgreiche Politiker sind Meister der Neurahmung, wenn es darum geht, ihre Ziele durchzusetzen. Wenn der Finanzminister sagt: „Im Rahmen des Umweltschutzes wünschen wir uns, über die notwendigen Mittel zu verfügen, um im Interesse der Allgemeinheit wirksam handeln zu können. Daher werden wir ab sofort eine Umweltsteuer in Höhe von ... erheben", dann gibt er der Situation einen neuen Rahmen, indem er dafür sorgt, daß zum Schutz der Umwelt eine zusätzliche Steuer bezahlt wird. Auf diese Weise setzt er sich selbst in den Rahmen „Beschützer der Umwelt" und gleicht nebenbei die Defizite in der Haushaltskasse aus. Er hätte es auch anders ausdrücken können: „Wir bekommen von euch Milliarden an Steuergeldern und haben bisher im Grunde keinen Pfennig für die Umwelt ausgegeben, weil wir andere Dinge für viel interessanter halten. Wir sind auch auf keinen Fall bereit, auch nur eines dieser netteren Dinge aufzugeben und möchten weitermachen wie bisher. Da wir jedoch leider schon fast im Dreck stecken, müssen wir jetzt dringend etwas für die Umwelt tun, und dafür brauchen wir noch mehr Geld als wir bisher schon bekommen."

Auf etwas, das in einem solchen Rahmen präsentiert wird, reagiert wohl kaum jemand mit Zustimmung oder gar Begeisterung. Wie dieses Beispiel deutlich macht, kann das Neurahmen für alle möglichen Zwecke gebraucht werden. Die Technik an sich ist jedoch neutral. Auf der anderen Seite wird es immer Menschen geben, die Meister darin sind, alles in einen sehr spezifischen Rahmen zu setzen, und diesen Rahmen anderen Menschen derart aufzudrängen, sie also praktisch zu einer Neurahmung zu nötigen. Leider gibt es diese Menschen auch in sogenannten spirituellen Kreisen nicht selten.

Magier wider Willen

Wenn es stimmt, daß wir selbst die Quelle all dessen sind, was uns begegnet, dann sollten wir diese Quelle so rein und harmonisch wie möglich halten. Es ist von größter Bedeutung, zwischen dem, was wir uns wünschen würden, und dem, was wir wirklich wollen, klar zu unterscheiden. Das, woran wir wirklich glauben, wird sich um uns herum manifestieren. Wenn es sich nicht manifestiert, ist dies ein Anhaltspunkt dafür, daß wir es nicht wirklich glauben. Es fällt dann in die Kategorie jener Dinge, die wir zwar gern glauben würden, aber doch nicht ganz glauben können. Wir sehen, wie in der Materie jene Umstände um uns herum erscheinen, die mit dem übereinstimmen, was an Überzeugungen und Programmierungen in uns ist. Nach denselben Gesetzen, nach denen Atome, Zellen und Planeten in Bewegung gebracht werden, sich anziehen und abstoßen, ziehen auch wir an, was zu uns gehört, und stoßen ab, was nicht zu uns gehört. Daher ist es nicht sehr schwierig, sich selbst und seine verborgenen Überzeugungen kennenzulernen.

Wie sollte es möglich sein, daß etwas im gesamten Kosmos funktioniert, nicht aber in uns selbst – oder sogar: Wie sollte es möglich sein, daß es nicht für uns arbeitet? Wir sind ein Teil des Kosmos und sind durch die universellen Naturgesetze entstanden.

Wenn ich Kurse für Manager abhalte und dabei andeute, daß sich in ihren Firmen dieselben Muster abspielen wie in ihren familiären Beziehungen und in ihrem sozialen Leben, dann fällt es den Teilnehmern für gewöhnlich wie Schuppen von den Augen. Vor allem, wenn wir einige Übungen machen und uns dann einen Monat später wiedersehen, sind sie oft sehr erstaunt darüber, daß sich die Umstände in ihrem Betrieb grundlegend verändert haben, und zwar einfach so, ohne große Neuorganisationen. Meist unterrichten sich die Teilnehmer an einem zweiten Treffen gegenseitig, indem sie erzählen, was sich in ihren Betrieben ohne ihr Zutun verändert hat, also, ohne daß sie etwas außerhalb von sich selbst verändert haben, ohne daß Regeln verändert wurden, ohne daß Mitarbeiter ersetzt oder anderswo eingesetzt wurden. Sie erzählen, wie Lieferanten ihr Verhalten verändert und Kunden sich anders als bisher verhalten haben und wie problematische Situationen sich wie von selbst auflösten. Dabei übersehen sie oft die Tatsache, daß sie selbst sehr wohl etwas Gewaltiges geleistet haben, indem sie an der Quelle all dieser Situationen gearbeitet haben, an *sich selbst*.

Dies ist vielleicht der richtige Moment, um eine kleine Liste zu machen – wohlgemerkt nur für uns selbst – in der wir alles aufführen, was wir in unserem Leben gern verbessern würden. Vielleicht hilft es Ihnen zunächst, wenn ich ein paar Beispiele für häufig vorkommende und beschränkende Überzeugungen aufführe:

Ich habe Angst im Dunkeln.
Ich habe Schwierigkeiten, mich öffentlich zu äußern.
Es graut mir vor Hektikern.
Ich bin schlampig.
Ich bin unorganisiert.
Ich bin faul.
Ich lasse mir alles gefallen.
Wenn ich mit Jansen spreche, sieht es immer so aus, als ob ich den Mund nicht aufbekomme.
Ich platze immer gleich mit allem heraus.
Ich bin ungeduldig.
Ich finde Geld schmutzig.
Man kann nur durch Schmerz und Leiden wachsen und bewußter werden.
Ich bin immer das Opfer.
Geld macht unglücklich.

Wenn ich es wage, mich hinzugeben, bin ich für den Rest meines Lebens verloren.
Gebe ich den kleinen Finger, so nimmt man die ganze Hand.
Was ich auch tue, ich bin immer der Dumme.
Ich verpasse immer den Zug.
Ich brauche nur etwas Falsches zu essen, und schon werde ich krank.
Man muß immer alles selbst machen, sonst geht es schief.
Ich habe Angst vor Autoritäten.
Frauen sind schlecht.
Männer sind schlecht.
Kinder sind lästig.
Man darf niemandem trauen.
Ich würde schon gern, aber ich kann nicht.
Es ist alles nur die Schuld von…

Die Liste ist im Prinzip endlos, und wahrscheinlich dürften Sie wenig Mühe haben, eine Anzahl von Beispielen zu finden, die auf Sie selbst zutreffen. Die Denkschablonen, Kriterien und Überzeugungen, die Sie sich im Laufe Ihres Lebens zu eigen gemacht haben, befinden sich in Ihrem Unterbewußtsein, und sie manifestieren sich ständig, um zu beweisen, daß Sie recht haben. Nur durch die richtige Art der Kommunikation mit Ihrem Unterbewußten werden Sie Veränderungen hervorrufen können.

Lassen Sie uns deshalb zunächst einmal betrachten und erfahren, wie wir das machen können. Zu diesem Zwecke nehmen wir im nächsten Kapitel einmal genauer unter die Lupe, wie wir normalerweise mit unserem Unterbewußtsein sprechen.

Wer sagt was zu wem?

Ich spiele gern Tennis, aber ich finde es noch unterhaltsamer, andere beim Spiel zu beobachten und zu belauschen. Man hört dabei die verrücktesten Sachen. Stellen Sie sich beispielsweise folgende Situation vor: Ein Spieler hat seinen Gegenspieler ganz nach links laufen lassen; er bekommt einen einfachen Ball zurück, und das ganze Spielfeld liegt nun offen vor ihm. Der Spieler will den Ball weit nach rechts schlagen, trifft ihn aber etwas zu kräftig, so daß er ihn ins Aus schlägt. „Dummer Esel", ruft er sich selbst zu, „wie kannst du so einen Ball nur ins Aus schlagen! Ich hab dir doch gesagt: Nicht zu weit!" Ein anderer würde an seiner Stelle vielleicht zu sich selbst sagen: „Hör doch einfach auf und verkauf deinen Schläger, du Trottel!" oder: „Du kannst einfach nicht Tennisspielen, was stehst du überhaupt noch hier herum, mein Gott!"

Welcher Teil des Tennisspielers kommt hier zu Wort und zu wem spricht er eigentlich? Vermutlich ist es das rationale Bewußtsein, das hier spricht und dem Ausführenden, dem Unterbewußtsein, Instruktionen gibt. Wenn das Ergebnis wie im obengenannten Beispiel nicht dem entspricht, was das Bewußtsein gemeint hat, wird die Schuld auf den anderen Teil der Persönlichkeit geschoben, nämlich auf das Unterbewußtsein.

Was dieser Tennisspieler jedoch nicht weiß, ist, daß das Unterbewußtsein nur ein eingeschränktes Unterscheidungsvermögen besitzt und daß es weder vernünftig reden noch rational denken kann. Eines der Resultate dieses Unvermögens ist, daß das Unterbewußtsein keine Möglichkeit hat, eine Verneinung zu begreifen. Das Wort *nicht*, das dem rationalen Denken sehr vertraut ist, wird vom Unterbewußtsein nicht aufgenommen. Das Unterbewußtsein reagiert in erster Linie auf Gefühle, Bilder und Geräusche sowie auf Geruch und Geschmack. Für das

Unterbewußtsein ist ein Gefühl eine Realität; ein Bild, ein Geräusch, ein Geschmack oder ein Geruch ist also von wirklicher Existenz. Eine negative Zahl (etwa minus drei) wird, obgleich sie für den rationalen Geist eine denkbare Realität darstellt, vom Unterbewußtsein nicht als solche wahrgenommen, und dies gilt für jedes *nicht* genauso.

Das wird deutlich, wenn ich Sie jetzt darum bitte, eine Zeitlang *nicht* an ein bestimmtes Bild zu denken, denn damit verpflichte ich Sie, das Bild sogleich aufzurufen. Eine derartige Aufforderung lautet: „Denken Sie einmal zehn Sekunden lang nicht an rosa Elefanten." Wenn unser Tennisspieler also zu sich selbst sagt: „Nicht zu weit", dann schnappt sein Unterbewußtsein von dieser Instruktion lediglich die Worte: „...zu weit" auf und führt diese strikt aus. Es ist leicht einzusehen, daß es sinnlos und sogar gefährlich ist, auf diese Weise mit sich selbst zu kommunizieren. Wir alle kennen und gebrauchen solche schädlichen Instruktionen. Einige Beispiele:

Ich will nicht mehr rauchen.
Ich darf meine Schlüssel nicht vergessen.
Ich darf nicht vergessen zu telefonieren.
Ich darf nicht krank werden.

Es ist sehr wesentlich, daß wir lernen, auf eine andere Weise, ohne diese Verneinungen, mit uns zu sprechen. Sonst könnte das Folgende passieren.

Neulich bekam ich Besuch von einer Dame, die wegen ihrer Migräne in meine Therapie kam. Ihre Mutter, ihre Großmutter und auch ihre Urgroßmutter hatten Migräne gehabt. Ihre Mutter hatte tausendmal zu ihr gesagt: „Ich hoffe, daß du später nicht auch diese Migräne bekommen wirst." Und was geschah? Zu ihrem achtzehnten Geburtstag bekam sie zum erstenmal Migräne, und seitdem war diese Migräne zu ihrem treuesten Begleiter geworden, mit dem sie immer rechnen konnte.

Obwohl ich diesen Mechanismus inzwischen genauestens kenne, mache ich selbst noch regelmäßig Fehler. So war ich einmal während eines Workshops mehrere Male hintereinander Opfer meiner eigenen Unaufmerksamkeit. Während einer Übung bat ich darum, ein Problem auszuwählen, daß nicht zu traumatisch und nicht zu ernst war. Ich merkte jedoch am Gesichtsausdruck, an der Körperhaltung und an der Atmung meiner Teilnehmer, daß der größte Teil der Gruppe mit sehr ernsten Erinnerungen arbeitete. Als ich sie trotz allem sicher durch die Übung gelotst hatte, machte ich diesbezüglich eine Bemerkung. Dabei hörte ich mich selbst sagen: „Ich hatte doch nachdrücklich darum gebeten, kein traumatisches Geschehnis...", und im selben Augenblick entdeckte ich meinen Fehler. Da ich dies nicht als Scheitern ansah, sondern als ein sehr gutes Feedback, informierte ich die Gruppe über das, was ich gerade bemerkt hatte, und machte ihr damit klar, daß sie nicht in der Lage gewesen war, dem Aufruf, eine traumatische und schlimme Erinnerung ins Bewußtsein zu holen, Widerstand zu leisten.

Es dürfte nun klar sein, daß nur eine positiv formulierte Instruktion zu einer angemessenen Reaktion des Unterbewußtseins führen kann. Im folgenden Kapitel werden Sie für sich entdecken können, wie Sie gerade durch fehlerhafte Instruktionen oftmals das Entgegengesetzte von dem erreichen, was Sie erreichen wollen.

Wie schaffen Sie es, morgens aus dem Bett zu kommen?

Gehen Sie einmal Schritt für Schritt durch, was passiert, wenn morgens Ihr Wecker klingelt. Was tun Sie, was sagen Sie zu sich selbst? Wie reden Sie auf sich selbst ein, um dafür zu sorgen, daß Sie noch ein bißchen liegenbleiben können?

Bei uns läuft das folgendermaßen ab. Wir stellen meistens ganz tapfer den Wecker auf sieben Uhr. Wenn er am nächsten Morgen dann losklingelt, drücken wir schnell auf die „Schlummertaste". Daraufhin bleiben wir gemütlich liegen und drehen uns noch einmal um. Neun Minuten später klingelt der Wecker dann wieder. Nochmals drücken wir auf die „Schlummertaste", und ich sage zu mir: „Wir könnten eigentlich beim nächsten Klingeln aufstehen." Dann drehen wir uns noch einmal zueinander hin und dösen in aller Ruhe weiter. Natürlich reißt uns der Wecker neun Minuten später wieder aus dem Schlaf. Auch diesmal erfolgt der Druck auf die Taste. „Vielleicht müssen wir beim nächsten Mal doch aufstehen", murmele ich schlaftrunken, aber inzwischen genießen wir schon wieder unser gemütliches Bettchen. Nach weiteren neun Minuten rasselt der Wecker erneut. Jetzt sage ich: „Komm Schatz, wir stehen auf!" Dadurch wird Energie für das Aufstehen frei, so daß wir es dann auch tun. So hat sicher jeder seine eigenen Methoden und Redewendungen, um das Aufstehen zu vermeiden. Anneliese, eine Frau die einen meiner Workshops besuchte, entdeckte, daß sie aufsteht, sobald sie sich ein Toastbrot mit Käse vorstellt.

Jedes Jahr reise ich nach Norwegen, um dort Seminare und Vorträge über spirituelle Themen und Bewußtwerdungsprozesse zu halten. Um zu einer Integration sämtlicher Vorjahresthemen zu gelangen, wollte ich in diesem Jahr vor allem die NLP-Techniken anwenden. Ich hatte den Veranstalter meiner

Workshops gebeten, einen zweitägigen Kurs für Manager zu organisieren.

Daraufhin erhielt ich von ihm einen Brief, der mit folgenden Worten begann: „I can imagine, that I could try to organise...(Ich kann mir vorstellen, daß ich versuchen könnte...) Als ich das las, habe ich ihm per Eilpost einen Brief zurückgeschickt, daß dies für mich die Methode sei, um den ganzen Tag im Bett zu bleiben und nichts zu tun. Ich bat ihn höflich darum, entweder seine Strategie zu ändern oder mich wissen zu lassen, daß er den Kurs nicht *wirklich* plane. Im letzteren Fall würde ich es dann vorziehen, mit jemand anderem zusammenzuarbeiten.

Obwohl wir uns dessen vielleicht nicht bewußt sind, sorgt unser Unterbewußtsein fehlerlos für die richtigen Ergebnisse, sobald wir dafür Sorge tragen, daß die Inputs stimmen. Die Art der Instruktionen, die wir benutzen, um aus dem Bett zu kommen oder aber liegenzubleiben, benutzen wir auch, um andere Aktivitäten zu starten oder zu vermeiden. Dies geschieht jedoch leider meist unbewußt, und dabei wäre es so schön, wenn wir lernen könnten, frei auszuwählen. Vielleicht gehören Sie ja auch zu den Menschen, die gern eine Menge Dinge tun würden, nie dazu kommen; oder Sie sind jemand, der viel Zeit damit verbringt, Dinge anzufangen, um sie später zu bereuen. In diesem Fall könnte es durchaus sein, daß Sie zu höflich zu Ihrem Unterbewußtsein sind und ständig Ausdrücke gebrauchen wie: „Eigentlich müßte ich jetzt damit beginnen..."

Übung

Um herauszufinden, welche Worte Sie gebrauchen, um Ihr Unterbewußtsein anzusprechen, werden wir nun einige ausprobieren.

Setzen Sie sich auf einen Stuhl, richten Sie die Achtsamkeit auf Ihre Atmung und spüren Sie, wie Ihr Körper Sie unterstützt und wo er den Stuhl berührt. Lauschen Sie den Geräuschen im

Zimmer, schmecken Sie den Geschmack in Ihrem Mund und spüren Sie, wie die Luft durch Ihre Nasenlöcher strömt. Währenddessen können Sie beobachten, wo in Ihrem Körper es nun ruhig wird. Lenken Sie Ihre Achtsamkeit kurz dorthin.

Beobachten Sie nun, wie Ihr Körper auf verschiedene Vorstellungen bezüglich einer Aktivität reagiert. Wählen Sie eine Aktivität, die Sie innerhalb eines bestimmten Zusammenhangs oder zu einer bestimmten Zeit ausführen müssen. Zum Beispiel: Sie möchten abends um acht Uhr irgendwo hingehen und möchten zuvor noch Essen kochen. Sie müssen das innerhalb einer bestimmten Zeit tun, denn es ist jetzt schon sechs Uhr.

Achten sie darauf, was in Ihrem Körper vor sich geht, wenn Sie nun folgendes zu sich sagen:
Ich könnte jetzt anfangen...
Ich würde jetzt gern anfangen...
Es wäre vielleicht gut, jetzt anzufangen...
Es wäre nicht schlecht, jetzt anzufangen...
Es wäre gut, jetzt anzufangen...
Vielleicht wäre jetzt der richtige Moment, um anzufangen...
Es könnte allmählich Zeit werden anzufangen...
Wenn ich pünktlich sein möchte, wäre es wohl nicht schlecht, nicht länger damit zu warten ...
Vielleicht könnte ich jetzt anfangen...
Am liebsten würde ich jetzt schon anfangen...
Ich werde jetzt anfangen.
Ich will jetzt anfangen.
Ich muß jetzt anfangen.
Also los, ich fange an.

Dies ist nur eine Auswahl von Sätzen, die Menschen zu sich selbst sagen, um etwas zu tun oder zu lassen. Achten sie nur einmal auf den Unterschied zwischen den Konstruktionen: *Ich muß nun...*, und *Ich will nun...* oder auch: *Ich will nun...* und

Ich kann nun... oder: *Ich möchte...* und *Ich möchte gern...* oder: *Ich will...* und *Ich würde gern...*

Wenn Sie es mit Dingen zu tun haben, die Sie nicht gern tun, die Sie also tun *müssen* und die regelmäßig wiederkehren, sollten Sie ausprobieren, ob es nicht leichter ginge, wenn Sie *müssen* durch *wollen* ersetzen würden. Wenn Sie zum Beispiel ungern putzen und sich im Moment keine Haushaltshilfe leisten können, wäre es durchaus von Bedeutung, sich das Putzen so angenehm wie nur möglich zu machen – zumindest wenn Sie vermeiden wollen, irgend etwas lustlos zu tun. Es ist gar nicht so schwer, seine eigene „Temperatur" zu messen, die angibt, welchen Grad an Bereitschaft oder Entschiedenheit man in bezug auf eine bestimmte Aktivität hat.

Darüber hinaus können Sie aber auch lernen, auf den Grad der Entschiedenheit oder Bereitschaft anderer zu achten und die eigenen Formulierunmgen dem anzupassen. Nehmen wir einmal an, daß Sie mit jemandem irgendwo hinfahren möchten. Wie können Sie das nun am besten formulieren, wenn Sie wissen, daß der andere nicht gerade sehr viel Lust dazu hat, obwohl er oder sie auch nicht direkt etwas dagegen hat? Sie können sagen: *„Ich möchte jetzt fahren."* oder: *„Wir müssen jetzt fahren."* oder: *„Es wäre gut, wenn wir jetzt fahren würden..."* oder: *„Wenn wir die Fahrt genießen wollen, müssen wir jetzt los..."* oder: *„Wenn wir die Fahrt noch genießen wollen, dann wäre es schön, jetzt zu gehen."*

Die hier gebrauchten Verben werden im Englischen *modal operators* genannt. Das sind (Zeit)-Wörter oder Wortkombinationen, die mit der Art und Weise zusammenhängen, in der bestimmte Aktivitäten ausgeführt oder vermieden werden sollen. Hier sind ein paar solcher Wörter und ihre häufigsten Kombinationen: wünschen; wollen; können; müssen; sein; haben; verlangen; mögen; wählen; dürfen; entschließen; verpflichtet sein; tun; ich würde mir wünschen; ich würde; ich kann nicht; ich würde gerne auswählen können; ich tue nicht; ich bin nicht; ich könnte nicht; ich hab es nicht nötig; ich kann nicht anders als; ich traue mich nicht; ich muß; ich müßte; ich sollte eigentlich; ich sollte vielleicht. Natürlich läßt sich diese Liste noch weiter ausdehnen, aber Sie wissen auf jeden Fall, worum es geht.

Machen Sie nun einmal Ihre eigene Liste und versuchen Sie, diejenigen Begriffe einzusetzen, die Ihnen das Leben in Situationen, in denen das nötig sein mag, angenehmer machen können.

Die Schlangen im Gras

Die Wörter, die im Unterbewußtsein den größten Eindruck hinterlassen, sind diejenigen, die unausgesprochen bleiben. Es sind die Vorstellungen, die nicht geäußert werden, die Gedanken, die wir in uns bewahren. Diese Art des Verschweigens führt zu dem Ergebnis, daß das Unterbewußte den Eindruck hat, dieser Punkt sei geregelt und es könne auf dieser Regelung aufbauen.

Vorstellung ist übrigens ein sehr bezeichnendes Wort, denn es macht deutlich, daß es hier um eine „Stellung" geht, die (im Bewußtsein) bereits im voraus bezogen wird. Das geschieht, ohne daß wir uns dessen bewußt wären. Beim Verkauf wird diese Methode ständig eingesetzt. Ein Beispiel: Jemand will ein Hemd verkaufen, aber Sie haben eigentlich keine große Lust, etwas zu kaufen, obwohl Sie durchaus ein Hemd gebrauchen könnten. Der Verkäufer, der gemäß seines Modells von der Welt sehr wohl Lust hat, etwas zu verkaufen, zeigt Ihnen einige Hemden und merkt, daß Sie zögern, tut aber so, als hätten Sie sich bereits entschlossen, eins zu kaufen. Daher sagt er zu Ihnen: „Welches Hemd soll ich Ihnen einpacken, das weiße oder das blaue?" Sehr viele Menschen würden in so einer Situation spontan antworten: „Na ja, dann nehme ich halt das blaue", woraufhin der Verkäufer es einpackt – und damit ist die Sache erledigt.

Was hat der Verkäufer nun eigentlich gemacht? Er hat ganz bewußt eine Vor-stellung in Ihrem Unterbewußtsein erzeugt, nämlich daß Sie sich bereits entschlossen haben, das Hemd zu kaufen. Er hat Sie nicht gefragt: „Wollen Sie dieses Hemd kaufen?" Vielmehr hat er so getan, als hätten Sie die Frage bereits positiv für sich beantwortet, und weil er das so präsentiert hat, glaubte Ihr Unterbewußtes das auch und gab eine Antwort, die dazu paßte. Ich kenne einen Verkaufsleiter, der diese Technik bei seinem Sohn angewendet hat. Er sagte dann etwa: „Willst du jetzt gleich ins Bett gehen, oder willst du vorher noch ein Glas Wasser? Willst du deine Zähne mit der roten oder mit der gelben Zahnbürste putzen?" Der Junge fing jedoch an, das Spiel zu durchschauen, und eines Abends als es schon spät war, sagte er zu seinem Vater: „Ich gehe noch ein bißchen raus, um zu spielen; soll ich durch die Hintertür oder durch den Haupteingang zurückkommen?"

Diese Beispiele mögen etwas banal erscheinen, aber im täglichen Leben wird oftmals sehr subtil von dieser Methode Gebrauch gemacht, und wir wissen: Je subtiler die Methode, desto stärker ist ihre Wirkung. Betrachten Sie sich einmal folgende Beispiele:

Sie sind irgendwo zu Besuch, und der Gastgeber fragt: „Was trinkst du?" Als ob es eine abgemachte Sache wäre, daß Sie etwas trinken wollen! Er fährt fort: „Whiskey, Sherry, Portwein?" Als wäre es eine abgemachte Sache, daß Sie alkoholische Getränke zu sich nehmen möchten! Wenn er dann einen Volltreffer mit seiner gesellschaftlich anerkannten Manipulation gelandet hat, sagt er, nicht ohne einen gewissen Sadismus: „Auf deine Gesundheit", wo doch jeder weiß, daß Alkohol die Leber und die Gehirnzellen ruiniert. Sie nicken folgsam und schütten die Flüssigkeit in sich hinein.

Eine weitere, häufig vorkommende manipulierende Aussage, mit der viele Gespräche enden, ist: „Ich komme mal vorbei." Als wäre es eine abgemachte Sache, daß Sie Wert darauf legen! Noch so ein unausweichlicher Satz: „Setz dich doch irgendwo hin." Als ob es normal wäre, daß Sie sich schon wieder hinsetzen wollen, nachdem Sie den ganzen Tag gesessen haben! Aber Sie haben eben keine Verteidigungsmöglichkeit, und so setzen Sie sich brav hin.

Ein Verbot, wie etwa „Nicht berühren!" ist in doppelter Hinsicht gefährlich. Zunächst geht es davon aus, daß Sie die Absicht hatten, etwas anzufassen, und dann ist die Wahrscheinlichkeit groß, daß Ihr Unterbewußtsein die Verneinung (das Wörtchen *nicht*) nicht aufnimmt und den Satz somit auffaßt als: „Das darf/muß ich berühren."

Was empfinden Sie, wenn jemand zu Ihnen sagt: „Es gibt keinen Grund zur Panik!" Fühlen Sie sich beruhigt oder gewarnt?

„Wie kann ich Ihnen helfen?" ist ein sehr guter Eröffnungssatz, wenn Sie Therapeut sind und das erste Treffen mit einem neuen Patienten haben. Sie erwecken dadurch nicht nur in Ihrem eigenen Unterbewußtsein, sondern auch in dem des Patienten die Vorstellung, daß Sie ihm oder ihr helfen können und daß das Problem nur darin besteht, aus einer großen Anzahl von Möglichkeiten diejenigen herauszusuchen und zu finden, die zu diesem Patienten passen. Darüber hinaus festigen Sie in ihm den Eindruck, daß Sie jemand sind, der ein Interesse daran hat, anderen zu helfen. „Was kann ich für Sie tun?" ist vom gleichen Kaliber und auch: „Wie können wir eine Lösung finden?"

Wenn Sie das nun mit dem folgenden Satz vergleichen, spüren Sie den Unterschied geradezu: „Wir werden einmal untersuchen, ob eine Lösung möglich ist" oder: „Wir werden versuchen, eine Lösung zu finden." In diesem letzten Fall können Sie es eigentlich schon vergessen, denn mit dieser Formulierung haben Sie den größtmöglichen Fallstrick für das Unterbewußtsein aufgebaut und sämtliche Möglichkeiten des Scheiterns kräftig betont. Das Unterbewußtsein nimmt einen Befehl, der nicht zum Erreichen eines gesetzten Zieles führt (nämlich „versuchen") ebenso buchstäblich auf, wie den Befehl „finden". „Probieren" und „versuchen" sind eigenartige Instruktionen, die die Vor-stellung erwecken, daß das zu erreichende Ziel möglicherweise nicht erreichbar ist. Wenn Sie jedoch auch nur die Möglichkeit offenlassen, daß etwas unmöglich ist, wird Ihr Unterbewußtsein das auch so auffassen, die Zweifel aufnehmen und die Dinge in der Weise anziehen, sehen, hören und lösen, die beweisen, daß das, was Sie glauben, auch wahr ist, kurzum, Sie werden wahrscheinlich versagen.

„Versuchen“ erweckt jedoch auch die Vorstellung, daß etwas sein könnte. Sie können also in zwei Richtungen gehen. Welche Richtung es wird, hängt von Ihrem unterschwelligen Glauben ab und davon, ob Sie über eine positive Einstellung verfügen. Nur in diesem Fall kann der zweideutige Auftrag vom Unterbewußtsein noch korrigiert werden.

Ich persönlich bin der festen Überzeugung, daß alles möglich ist. Dieser Glaube ist tief in meinem Unterbewußtsein verankert. Obwohl ich es mir also erlauben könnte, mir selbst Anweisungen zu geben, in denen das Wort „versuchen“ oder „probieren“ vorkommt, lasse ich dies der Einfachheit halber gleich ganz. Ich habe diese Sorte Wörter aus meinem Vokabular verbannt. Warum sollte ich auch ein Risiko eingehen? Das kann ich auch Ihnen sehr empfehlen. Warum streichen Sie diese Art von Wörtern nicht einfach aus Ihrem Vokabular? Weg mit probieren, versuchen und hoffen. Ersetzen Sie sie lieber durch: „Ich möchte, ich will und ich werde.“

Du siehst was, was ich nicht seh'

Es gibt eine Kategorie von Menschen, die ihre Achtsamkeit hauptsächlich auf all das richtet, was es zu sehen, zu hören und zu fühlen gibt. Diese Menschen bezeichnet man als *Matcher*. Eine andere Kategorie von Menschen konzentriert sich vor allem auf das, was es *nicht* gibt. Das sind die *Mismatcher*. Einige Menschen haben die Wahl und tragen beide Möglichkeiten in sich, die sie dann auch abwechselnd gebrauchen.

Der Matcher sieht nicht, was dem Mismatcher als erstes ins Auge fällt. Ein Beispiel: Stellen Sie sich vor, sie wären ein Matcher-Typ und hätten sich ein paar Farbeimer gekauft, mit denen Sie das ganze Wohnzimmer neu streichen wollen, um Ihre Frau zu überraschen, die übers Wochenende verreist ist. Nachdem Sie drei Tage Ihres Strohwitwerdaseins geopfert haben, ist alles perfekt angestrichen. Dann kommt Ihre Frau nach Hause, schaut sich erstaunt um und sagt: „Nicht schlecht", fügt dann aber zwei Sekunden später hinzu: „Aber da hast du einen kleinen Fleck nicht angemalt." Dies ist eine für einen Mismatcher typische Bemerkung. Sie sagt nicht, was sie findet, sondern sie sagt, was sie *nicht* findet. Sie sagt: „Es ist *nicht schlecht*." Dadurch vermeidet sie, zu sagen, was sie *findet* – ob sie es mäßig findet, gut oder sehr gut; sie sagt lediglich, was es nicht ist: „Es ist nicht schlecht". Aus der Perspektive des Mismatchers schaut sie nicht auf die vielen Eimer Farbe, die auf die Wände gepinselt wurden und auf die Fläche, die bestens mit Farbe bedeckt worden ist; nein, ihr fällt nur der eine kleine Fleck auf, wo die Farbe fehlt. Alles in allem führt dies zu dem Eindruck, daß ihr Urteil ein negatives war, aber eigentlich bekommen Sie dadurch eine positive Information, denn Sie wollten ja wahrscheinlich das ganze Wohnzimmer anmalen, und jetzt erkennen Sie, daß Sie ein Stückchen vergessen haben. Um Ihr Ziel zu erreichen, benötigten Sie also die Information des Mismatchers.

In diesem Fall kommt uns das nicht sehr sympathisch vor, aber stellen Sie sich vor, daß Sie eine überfällige Steuererklärung abzugeben haben. Wenn Sie sie nicht sofort einreichen, müssen Sie mit einer hohen Geldbuße rechnen. Also ergreifen Sie – der Matcher – sofort alle Maßnahmen, um die Formulare loszuschicken. In dem Moment, in dem Sie den Umschlag zukleben wollen, kommt Ihr Partner vorbei, Sie wissen schon, der Mismatcher mit dem kleinen, vergessenen Farbfleck. Sie schaut sich an, was Sie gemacht haben und sieht sofort, was nicht da ist: Es fehlt nämlich Ihre Unterschrift. Sie haben vergessen, das Steuerformular zu unterschreiben, da ist ein leerer Fleck auf dem Formular.

Sie können einen Mismatcher an der Art und Weise erkennen, wie er oder sie auf das reagiert, was Sie sagen. Sagen Sie beispielsweise voller Enthusiasmus: „Es ist schönes Wetter; die Sonne scheint herrlich", dann wird der Mismatcher wahrscheinlich antworten: „Ja, aber sie haben gesagt, daß es bald regnen wird." Der Mismatcher ist der „Ja, aber"-Sager, der ewig Entgegenhaltende. Ich muß zugeben, daß ich früher eine Abscheu gegen das ewige „Ja, aber" der anderen hatte, da ich nämlich ein Matcher bin, der am liebsten mit großer Geschwindigkeit direkt auf sein Ziel zugeht, und „Ja, aber"-Leute sind eine starke Bremse für diese Geschwindigkeit. Ehrlich gesagt empfand ich diese Sorte von Menschen, die immer nur etwas anzumerken haben, als ausgesprochene Miesmacher. Seit ich jedoch begriffen habe, daß es keinen Mißerfolg, sondern lediglich Feedback gibt, sehe ich die Mismatcher etwas anders.

Das einzige Problem bei der Sache ist, daß man in der Zusammenarbeit mit einem „Ja, aber"-Menschen nicht leicht zu einer Entscheidung kommen kann, denn wenn Sie sagen: „Wir wollen das machen", werden sie immerzu „ja, aber" als Reaktion bekommen. Wie kann man das Problem lösen? Es ist sehr einfach: Sie müssen einem solchen Menschen soviel Freiraum lassen, daß er weder das Bedürfnis verspürt noch die Möglichkeit hat, „ja, aber" zu sagen.

Wenn Sie einem „Ja, aber"-Typen einen Vorschlag unterbreiten wollen, sagen Sie beispielsweise folgendes: „Ich bin mir zwar nicht sicher, aber es könnte doch vielleicht sein, daß wir in diesem Fall X, Y, oder Z machen könnten." Der „Ja, aber"-Typ schaut Sie an und sagt: „Das ist kein schlechter Vorschlag, aber X und Y sind meiner Meinung nach ungeeignet." Damit haben Sie Ihre Entscheidung und Sie wissen, daß Sie zur Ausführung von Möglichkeit Z schreiten können.

Stellen Sie sich vor, daß Sie Arzt sind und ein Patient zur Behandlung kommt (ein Mismatcher), bei dem Sie zu der festen Überzeugung gelangt sind, daß ihm ein bestimmtes Heilmittel sehr gut helfen würde. Was machen Sie dann wohl? Sie empfehlen ihm das Mittel und sagen: „Dies wird Ihnen helfen." Sofort wird er antworten: „Ja, aber meine Tante hat das auch einmal verschrieben bekommen, und bei ihr hat es überhaupt nicht geholfen...", worauf Sie entgegnen: „Ja, aber Sie sind nicht Ihre Tante!" Darauf sagt der Patient wiederum: „Ja, aber meine Tante verträgt keine Erdbeeren und ich auch nicht." Kurzum, Sie können Ihre Behandlung vergessen! Wenn Sie als Arzt jedoch wissen, daß Ihr Patient ein Mismatcher ist, dann sagen Sie: „Ich bin mir nicht ganz sicher, aber ich vermute, daß X und Y Ihnen helfen könnten, und ich glaube, daß X die bessere Möglichkeit von beiden ist." Der Patient spürt, daß er genügend Raum hat, um zu widersprechen, und so sagt er: „Es scheint mir nicht unmöglich zu sein, daß X mir helfen könnte; ich möchte die Möglichkeit nicht ungenützt lassen."

Zu einem Matcher muß man einfach sagen: „Ich habe die Sache genau untersucht, und du mußt X nehmen." Er wird Sie dankbar anschauen, wird tun, was Sie ihm sagen, und damit gute Resultate erzielen. Wenn Sie zu einem Matcher sagen: „Ich bin mir nicht ganz sicher, aber ich habe die vage Vermutung, daß X gut für Sie sein könnte, eventuell könnte es auch Y sein", dann ist Ihr Patient bereits verschwunden, bevor Sie den Satz ganz ausgesprochen haben. Denn dieser Patient denkt sich: „Wenn der es nicht einmal weiß, wer dann? Wozu bin ich überhaupt zu diesem Pfuscher gekommen?" Wie gesagt, ein Matcher konzentriert sich auf die Dinge, die da sind, und hält sich daran.

Am besten wäre es, wenn man sich in beiden Systemen zurechtfinden würde. Vor allem dann, wenn man zu einer Gruppe von Menschen spricht, sollte man in der Lage sein (k), sich in das System der anderen einzufühlen. Dann lernt man zum Beispiel zu sagen: „Es war nicht schlecht, und einen Moment lang war es sogar ausgesprochen vergnüglich." So fühlt sich der Mismatcher angesprochen, und auch der Matcher kann es anerkennen (v).

In einem meiner Workshops ließ ich die Teilnehmer in kleinen Grüppchen jeweils ein und dieselbe Geschichte erzählen, wobei sie zunächst von ihrer gewöhnlichen Art, Dinge zu beschreiben, Gebrauch machen sollten (= ihr normales System), um anschließend auf das andere System umzusteigen. Als ich ein wenig herumging, um zu hören (a) wie es lief (k), sagte der Wortführer einer solchen Gruppe: „Es geht nicht schlecht, aber ich habe es nicht leicht in der Mismatcher-Rolle, denn ich bin kein Mismatcher." Sie sehen also, liebe Leser, daß es nicht immer leicht ist, sich selbst zu erkennen!

Es gibt noch eine andere Möglichkeit, Menschen einzuteilen, nämlich gemäß ihrer *Motivation*. Dabei gibt es zwei Sorten von Menschen: diejenigen, die dadurch motiviert werden, daß sie der Situation, in der sie sich befinden, entkommen möchten, und diejenigen, die dadurch motiviert werden, daß sie auf ein Ziel ausgerichtet sind, also dadurch, etwas tun zu wollen. Der eine Mensch handelt, um einer Sache aus dem Weg zu gehen, der andere um irgendwo hinzukommen. Es ist nützlich, diesen Unterschied zu erkennen und ihn zu berücksichtigen.

Einige wollen ihren Arbeitsplatz wechseln, um nicht in der Situation, in der sie sich befinden, bleiben zu müssen. Andere suchen einen neuen Beruf, weil sie gern in einer bestimmten Firma oder in einem anderen Industriebereich arbeiten wollen. Das macht einen großen Unterschied. Auch hier gilt die Regel, daß es interessant ist, beide Arten von Motivation zu erkennen und auf der gleichen Wellenlänge kommunizieren zu können (mit einem Fachausdruck bezeichnet man dies als *Rapport*).

Wenn Sie einen Partner haben, der immer Dinge tut, um dadurch etwas anderem zu entkommen, ist es sinnvoll, sich ihm oder ihr aus der gleichen Ecke zu nähern und dann hinzuzufügen, was das Ziel sein könnte oder was das Ziel ist. Wenn so jemand sagt: „Ich würde gern aus dem alltäglichen Zwang der lästigen Routine ausbrechen", wäre es angemessen, noch kurz in der gleichen Denkweise fortzufahren und zu antworten: „Es ist in der Tat schlimm, in solchen Zwängen zu stecken, und um da herauszukommen wäre es interessant, einige Bücher über NLP zu lesen, denn dann entwickelt man die Einsicht (v) in seine Möglichkeiten. Mit NLP kannst du die Tore öffnen (k), die dir den Zugang zu Qualitäten in dir selbst ermöglichen, derer du dir bis jetzt noch nicht einmal bewußt warst. Vielleicht möchtest du einmal selbst einen Workshop machen. Dann wird es erst richtig spannend, denn dann lernst du eine Menge neuer Leute kennen und wächst von selbst in einen neuen Lebensstil hinein, der mehr Möglichkeiten zur Auswahl bietet. Auf diese Weise kannst du dein Leben spannender und angenehmer machen."

Wenn Sie sich genau anschauen, wie diese Erörterung aufgebaut ist, werden Sie merken, daß der erste Satz der Antwort eine Zustimmung ist (dies nennt man *pacing*). Daraufhin wird ein Ziel gesetzt und sogleich ausgeführt, daß das Erreichen des Zieles an sich schon spannend ist und daß das „Sich-aus-den-Zwängen-Befreien" schließlich zu einem Nebeneffekt wird. Hätten Sie gleich mit dem Ziel begonnen, so hätten Sie weniger Erfolg gehabt.

Wenn Sie jemanden treffen, der direkt auf ein Ziel ausgerichtet ist, so können Sie ihm gerade dadurch zum Erreichen seines Zieles verhelfen, daß Sie sehr spezifische Fragen stellen.

Er sagt beispielsweise: „Ich würde gerne mehr Sport treiben."
Frage: „Welche Sportarten hast du dabei im Auge?" (v)
Frage: „Welche Sportarten liegen dir?" (k)
Er sagt: „Bei Tennis sehe ich eine Chance." (v)
Frage: „Wieviele Stunden kannst du da hineinstecken?" (k)
Frage: „In welcher Kategorie siehst du dich spielen?" (v)
Frage: „Was für ein Bild (v) hast du von den Menschen, mit denen du umgehen (k) möchtest?"
Frage: „Wie muß dein Tennisclub aussehen?" (v)

Wie können Sie Ziele leichter erreichen?

Als ich noch zur Schule ging, bekamen wir von den Lehrern bestimmte Zielsetzungen mit auf den Weg, die uns helfen sollten, Ideale und Träume zu verwirklichen. Eine der Warnungen dabei lautete: „Du mußt höher zielen als das Ziel ist, denn der Pfeil sackt beim Fliegen ab." Dies schien in der Tat absolut zutreffend zu sein.

Ich habe später die Entdeckung gemacht, daß es eine andere Möglichkeit gibt, um ein Ziel mit großer Treffsicherheit zu erreichen, beispielsweise ein Hobby, das wir gern pflegen würden, einen Urlaub, den wir gern nehmen würden – Ziele, die wir immer wieder zurückstellen, bis schließlich nichts mehr daraus wird. Wir sagen zu uns selbst: „Ich würde es schon wollen, aber..."

Um zu vermeiden, daß Sie in solchen Situationen steckenbleiben, können Sie eine Methode einsetzen, die Sie entweder unfehlbar zu Ihrem Ziel führt, oder aber zu der Einsicht bringt, daß dieses Ziel der Mühe nicht wert ist oder zumindest einer Hinzufügung bedarf. In jedem Fall ist die Methode hilfreich, denn ein Ziel, das immer nur in weiter Ferne liegt, kostet viel Energie, ohne daß Sie sich dessen bewußt wären. Dasselbe gilt für Versprechen, die Sie nicht halten. Ferne Ziele und leere Versprechungen sind Kanäle, durch die Ihre wertvolle Energie verpufft.

Da Sie ja bereits wissen, daß Sie die Lösungen für all Ihre Probleme in sich tragen, brauchen Sie nur eines zu tun, nämlich auf die Suche nach diesen Lösungen zu gehen, mit der Bitte an sich selbst, sie auch zu finden. Die Methode ist also denkbar einfach: Sie stellen sich selbst eine Anzahl von Fragen und warten auf die Antworten. Auf diese Weise kommen Sie der Lösung Schritt für Schritt näher.

Zunächst sollten Sie untersuchen, ob Sie die Lösung Ihres Problems überhaupt selbst in der Hand haben. Denn ein Ziel wie beispielsweise die Lösung der weltweiten Wirtschaftskrise liegt natürlich nicht nur in Ihrer Hand. Das Ziel sollte positiv formuliert werden, zum Beispiel: „Ich will das erreichen.“ Eine negative Formulierung wie „Ich möchte nicht mehr...“ ist nur von Schaden.

Anschließend untersuchen Sie die Ökologie des Zieles, also ob es aus moralischen, ethischen, spirituellen und ökonomischen Gesichtspunkten zu verantworten ist. Um das herauszufinden, bilden (v) Sie sich ein, Sie hätten das Ziel bereits erreicht, und dann sehen, hören (a) und spüren (k) Sie, welche Wirkung dies auf Ihre Lebensweise, Ihre Familie, Ihre Umgebung und auf Ihre Arbeitssituation hat. Sollte es in diesen Bereichen Schwierigkeiten geben, können Sie das Ziel ein wenig abändern, um eventuell nachteilige Folgen zu vermeiden. Wenn Sie damit fertig sind, beginnen Sie mit der eigentlichen Arbeit. Dazu stellen Sie sich ganz einfach die Frage: „Was hindert mich daran, dieses Ziel zu erreichen?“ Wenn Sie die Antwort darauf kennen, fragen Sie sich weiter: „Was benötige ich, um das Hindernis aus dem Weg zu räumen?“ Dann fragen Sie wieder: „Was hindert mich daran, das zu bekommen?“ Dann wieder: „Was benötige ich, um das zu bekommen?“

Mit jedem Schritt kommen Sie der Lösung näher, bis das letzte „Was hindert mich daran, das zu erreichen?“ ein Zweifeln hervorruft, dann Stille und schließlich ein verwundertes: „Nichts“.

Jetzt ist der Moment gekommen, in dem Sie mit sich selbst absprechen, wann Sie das letzte Hindernis aus dem Weg schaffen wollen. Sie holen Ihren Terminkalender, suchen einen günstigen Zeitpunkt und sagen zu sich selbst: „Morgen um elf Uhr rufe ich ... an (oder mache ich... oder besuche ich...).“ Dann gelingt Ihnen dieser erste Schritt auch. Indem Sie den ersten Schritt tun, räumen Sie das Hindernis für den zweiten aus dem

Weg, und wenn im zweiten Schritt das Hindernis für den dritten lag, wird nun auch dieser möglich und so weiter, bis Sie Ihr Ziel erreicht haben.

Nehmen wir an, daß Ihr ausgewähltes Ziel ein Fernziel ist. Fragen Sie sich dann nach der Übung: „Woher weiß ich, daß ich auf halbem Wege bin?"

Stellen Sie sich nach der Übung außerdem immer die Frage: „Woher weiß ich, daß ich mein Ziel erreicht habe?"

Während eines Trainings, das ich für das Management und Personal einer Bank abhielt, bat ich eine Freiwillige (sie hieß Myriam) darum, mir für eine Demonstration dieses Prozesses zur Seite zu stehen. Wie man aus dem nun folgenden Gespräch ersehen kann, war es sehr spannend, und am Ende erwartete uns eine Überraschung.

Ich: „Myriam, was würden Sie gern machen, was vollkommen in Ihren Möglichkeiten liegt, was Sie sich wünschen, wozu Sie aber bisher aus dem einen oder anderen Grund noch nicht gekommen sind?"

Myriam: „Fallschirmspringen."

Ich: „Oh, wie aufregend! Und in der Tat, es liegt ganz und gar bei Ihnen, ob Sie es tun oder lassen. Es ist möglich, denn schließlich machen andere es auch. Wie würde sich Ihr Leben verändern, wenn Sie es machen würden?"

Myriam: „Es wäre sehr spannend und eine Erfahrung, die nicht jeder gemacht hat. Ich würde mich gut fühlen."

Ich: „Sind Sie verheiratet oder leben Sie mit einem Partner zusammen?"

Myriam: „Ja."

Ich: „Wie wird Ihr Mann oder Ihr Freund darauf reagieren?"

Myriam: „Er wird es vielleicht wegen des Risikos nicht so gut finden."

Ich: „Und dennoch möchten Sie es machen?"

Myriam: „Ja."

Ich: „Was hindert Sie also daran, es zu tun?"

Myriam: „Das Risiko, das damit verbunden ist."
Ich: „Was benötigen Sie, um dieses Hindernis aus dem Weg zu schaffen?"
Myriam: „Ich weiß es nicht..."
Ich: „Wenn Sie mehr Informationen über die Sicherheitsmaßnahmen hätten, würde Ihnen das helfen?"
Myriam: „Ja, wenn ich mehr über das Risiko wüßte und es sich als relativ gering erweisen würde, würde ich es machen."
Ich: „Was hindert Sie daran, sich diese Informationen zu besorgen?"
Myriam: „Äh... nichts."
Ich: „Gut, dann nehmen Sie Ihren Terminkalender und schreiben Sie auf, wann Sie anrufen werden, um die Informationen zu erhalten oder um mit dem Trainer zu sprechen."
Myriam: „Oh je!"
Ich: „Myriam, Sie sagten doch, daß Ihrer Meinung nach nichts Sie behindert: Warum machen Sie dann nicht den ersten Schritt?"
Myriam: „Ich glaube doch, daß das Risiko sehr groß ist und daß ich viel Zeit dafür aufwenden müßte, so daß meine Beziehung darunter leiden würde."
Ich: „Wunderbar, wir haben sehr viel gelernt, nämlich, daß Ihr Ziel in Ihrer jetzigen Lebensphase und in diesem Kontext aus ökologischer Sicht nicht zu verantworten ist."

Hier endete die eigentliche Demonstration, aber für Myriam könnte der nächste Schritt darin bestehen, zu untersuchen, was sie nun eigentlich am Fallschirmspringen so anziehend findet. Wenn Sie sich dieser Frage schrittweise nähern würde, könnte sie vielleicht herausfinden, daß sich einige Aspekte des Fallschirmspringens auch in anderen Sportarten finden, beispielsweise das Erlebnis der Höhe, des weiten Raumes, des Fliegens. Das könnte sie auch beim Bergwandern, beim Skifahren, auf dem Meer oder beim Sportfliegen ausleben. Da sie die meisten dieser Sportarten mit ihrem Partner zusammen ausführen könnte, würde sie zwei Fliegen mit einer Klappe schlagen. Natürlich ist dies nur eine Spekulation, und vielleicht liege ich damit auch völlig falsch, und sie würde zu einer ganz anderen Entscheidung kommen.

Hauptmodalitäten und Submodalitäten

Wir haben bereits von vier Repräsentationssystemen (Wahrnehmungsfiltern) gesprochen, durch die wir uns Ereignisse ins Gedächtnis rufen: der visuelle Filter (Bilder), der auditive Filter (Geräusche), der kinästhetische Filter (Gefühle) und der olfaktische Filter (Geruch und Geschmack). Diese vier Systeme sind miteinander verankert, das heißt, sie stehen miteinander in Verbindung. Wenn Sie also beispielsweise ein Bild aufrufen, werden Sie sofort auch mit dem dazugehörigen Gefühl verbunden und darüberhinaus höchstwahrscheinlich auch mit dem entsprechenden Geräusch. Dasselbe gilt für einen Geruch oder einen Geschmack. So kann der Geruch eines bestimmten Parfüms Sie aus dem Sessel fahren lassen und sämtliche Gefühle und Energien wecken, die mit der Erinnerung an ein leidenschaftliches Erlebnis verbunden sind. In diesem Fall fungiert der Geruch als Anker, mit dem das Gefühl verknüpft ist. Im weiteren Verlauf des Buches werden wir noch genauer auf das zielbewußte Verankern von besonderen Stimmungen eingehen.

Die Bilder, die wir auf unserer inneren Leinwand sehen, können Bilder aus der Vergangenheit oder Bilder aus der Zukunft sein. Die Geräusche, die wir mit unserem inneren Ohr hören, können Stimmen oder Musik sein, es können bestehende Geräusche sein, Geräusche, an die wir uns erinnern, oder Geräusche, die wir selbst machen. Das Gefühl kann ein taktiles Gefühl sein (wenn Sie sich in den Finger stechen) oder ein Gefühl von Trauer oder Glück, ein sogenanntes Metagefühl.

Sehen, hören, fühlen, riechen und schmecken sind die Filter, durch die wir unsere Außen- und Innenwelt wahrnehmen. Diese Filter nennen wir im NLP *Hauptmodalitäten*. Jede dieser Modalitäten hat ihre eigenen Verfeinerungen und Schattierungen, die es ermöglichen, daß das Gehirn beispielsweise die Bedeutung und die Qualität des Wahrgenommenen genau bezeichnen kann. Diese Verfeinerungen nennen wir *Submodalitäten*. Die Submodalitäten bestimmen den Eindruck, den ein Bild, ein Geräusch oder ein Gefühl auf uns macht. Sie sind von größter Bedeutung für das Neuprogrammieren bestimmter Erinnerungen. Wir werden dies nun anhand einer praktischen Übung testen.

Wenn Sie allein sind, lesen Sie sich die Übung zunächst durch, legen dann das Buch weg und machen die Übung. Sie ist sehr einfach, und Sie können Ihr Tempo selbst bestimmen. Wenn Sie mit jemand anderem zusammen sind, dann lassen Sie sich die Übung von dieser Person vorlesen.

Übung

Werden Sie zunächst ruhig, und kommen Sie zu sich selbst. Beobachten Sie Ihre Atmung, spüren Sie den Luftstrom in Ihren Nasenlöchern und lauschen Sie den Geräuschen, die innerhalb und außerhalb des Zimmers zu hören sind, ohne zu viele Gedanken damit zu verbinden. Spüren Sie, wie Ihr Körper Sie unterstützt und wie sich, während Sie ganz zu sich selbst kommen, Ruhe in Ihrem Körper ausbreitet.

Denken Sie jetzt an ein sehr schönes Erlebnis, das Ihnen viel Freude verschafft hat, und machen Sie sich davon ein Bild. Schauen Sie sich das Bild genau an und spüren Sie auch gleich, wie Ihr Körper in einer subtilen Weise darauf reagiert. Nehmen Sie das Bild gut in sich auf und spüren Sie, was dabei geschieht. Registrieren Sie die Qualität und Intensität Ihres Gefühles und merken Sie sich diesen Zustand. Lassen Sie das Bild sich nun ein wenig entfernen, machen Sie es kleiner, dunkler, schwarzweiß und umrahmen Sie es mit einem schwarzen, schmiedeeisernen Rahmen. Registrieren Sie das Gefühl, das Sie jetzt haben, und beobachten Sie den Unterschied.

Machen sie das Bild nun wieder so groß, wie es ursprünglich war, machen Sie die Farben heller, lassen Sie mehr Licht hineinkommen, machen Sie dann das Bild noch größer und plastischer und holen Sie es näher heran. Registrieren Sie wiederum das Gefühl, daß Sie diesmal haben, und beachten Sie den Unterschied zwischen diesem Gefühl und dem Gefühl beim ursprünglichen beziehungsweise beim verkleinerten Bild. Wie lautet Ihre Schlußfolgerung?

Für einen Großteil der Menschen ist es so, daß der Einfluß des Bildes abnimmt, wenn sie es von sich entfernen und es kleiner, dunkler und schwarzweiß machen. Wenn wir also den Eindruck einer Erinnerung verändern wollen, ist es hilfreich zu wissen, wie dieser Eindruck in unserem Gehirn gespeichert wurde. Das Gehirn benutzt einen bestimmten Schlüssel, um etwas Trauriges von etwas Freudigem zu unterscheiden, wobei die Kodierung immer die gleiche ist. Allerdings unterscheidet sich Ihre Kodierung von der Kodierung Ihrer Umgebung, und daher gibt es keine festen Regeln, die für jeden gelten. Wie es bei Ihnen ist, konnten Sie ja soeben erfahren.

Wenn ein bestimmtes Ereignis nicht aufhört, Sie zu verfolgen und Ihr jetziges Leben weiterhin bestimmt und einschränkt, ist es vielleicht sinnvoll, daß Sie die dazugehörigen Bilder von sich entfernen und alle Submodalitäten gebrauchen, die den Einfluß vermindern. Dann können Sie vielleicht ruhiger über die Bedeutung dieses Ereignisses für Ihr Leben nachdenken, ohne daß es durch Emotionen verzerrt wird. Die folgende Übersicht machen deutlich, welche Submodalitäten zu welchem Repräsentationssystem gehören.

Die Submodalitäten für das *visuelle* Repräsentationssystem (den visuellen Wahrnehmungsfilter) sind:
- mit Assoziationen oder ohne Assoziationen (sind Sie im Bild oder sehen Sie sich selbst)
- Größe des Bildes
- Abstand zwischen Ihnen und dem Bild
- Klarheit

- Hell oder dunkel
- Plastisches oder eingerahmtes Bild
- Schwarzweiß oder farbig
- Farbintensität
- Art der Farben (Pastell- oder Primärfarben)
- Fokussiert oder nicht fokussiert
- Dreidimensional oder zweidimensional
- Blickwinkel
- Bewegung

Die Submodalitäten für das *auditive* Repräsentationssystem sind:

- Lautstärke
- Rhythmus
- Tonhöhe
- Tempo
- Timbre
- Pausen
- Tonalität
- Sich entfernend oder sich nähernd
- Abstand

Die Submodalitäten für das *kinästhetische* System sind:

- Temperatur
- Druck (zart oder fest)
- Eingeengt oder mit viel Raum
- Feuchtigkeit
- Bewegung
- Zeitdauer
- Vibration
- Anhaltend oder unterbrochen
- Intensität
- Textur

Für das spezielle Gefühl „Schmerz" kann man noch unterscheiden in: scharf, stechend, drückend, klopfend, anhaltend, regelmäßig unterbrochen, krampfhaft, verspannt und so weiter.

Während eines Workshops bat ich eine Teilnehmerin, sich ein Ereignis ins Gedächtnis zu rufen, das ein wenig schmerzhaft für sie war. Zunächst verlief die Übung gut, aber nach einer Minute bemerkte ich dramatische Veränderungen in ihrem Gesichtsausdruck, ihrer Körperhaltung und ihrer Hautfarbe und -feuchtigkeit. Ich nahm an, daß sie aus dem einen oder anderen Grund mit sehr schlimmen Dingen beschäftigt war, und griff sofort ein, indem ich sie bat, das Bild, das sie sah, in einer Entfernung von zehn Metern zu plazieren und es auf zehn Zentimeter zu verkleinern. Sofort verschwanden sämtliche Symptome der Anspannung. Ich unterbrach die Übung, um herauszufinden, was passiert war. Es stellte sich heraus, daß sie genau das gemacht hatte, worum ich sie gebeten hatte, nämlich eine etwas schmerzhafte Erinnerung abzurufen; aber plötzlich hatte sich unaufhaltsam eine sehr traumatische Erfahrung aufgedrängt. Dies kam mir bekannt vor, und als wir uns gemeinsam an meine Instruktionen erinnerten, mußte ich feststellen, daß ich meine Instruktion bekräftigt hatte, indem ich hinzufügte:„nichts Traumatisches". Natürlich hatte ihr Unterbewußtsein das Wörtchen „nicht" nicht aufgenommen und somit folgende Botschaft empfangen: „Rufe eine Erinnerung ab, die ... traumatisch ist."

Indem sie den Abstand zwischen sich und dem Bild vergrößerte und das Bild verkleinerte, entschärfte sich die emotionale Ladung sofort. Die betreffende Dame dachte, daß sie das Ereignis bereits verarbeitet hatte, aber es stellte sich nun heraus: Das Bild, welches sie von diesem Ereignis hatte, stand ungeachtet der Tatsache, daß seither bereits drei Jahre vergangen waren, in Lebensgröße vor ihr. Das Unterbewußtsein hatte diese Zeitspanne kodiert, und so erschien es, als wäre es gestern gewesen.

Diesen Prozeß werde ich im weiteren Verlauf des Buches noch näher beschreiben.

Probieren Sie einmal für sich selbst aus, welche Submodalitäten Ihre Erinnerung stärker beziehungsweise schwächer machen. Dann können Sie mit Erinnerungen an schmerzhafte Geschehnisse selbst zurechtkommen und ihnen mit Hilfe dieser Technik einen kleinen Dreh geben, damit ihr Eindruck weniger störend wird oder sie positiver erscheinen und somit von größerem Nutzen für Sie sind.

Die Verankerung

Die Verankerung macht von der natürlichen Funktion des Gehirns Gebrauch, wobei wechselseitige Beziehungen zwischen-Sehen, Hören, Fühlen, Schmecken und Riechen entstehen. Sie sehen eine Zitrone, und es bildet sich Speichel in Ihrem Mund. Wenn ich an der Tankstelle Diesel tanke und mein Unterbewußtsein das Geräusch der strömenden Flüssigkeit aufnimmt, muß ich sogleich zum Pinkeln gehen. Woher kommt das? In meinem Fall kommt es daher, daß meine Mutter mich früher, als ich etwa zwei Jahre alt war, aufs Töpfchen setzte und dabei, um die Sache zu beschleunigen, ein Geräusch machte, das etwa so klang: „Wiesiewiesiewiesie", eine gekonnte Imitation des Geräusches, welches entsteht, wenn Urin aus dem Zipfelchen eines zweijährigen Jungen ins Töpfchen rinnt. Das Geräusch meiner Mutter aktivierte meinen Harndrang, und komischerweise aktiviert das Geräusch des Benzintankens noch immer meinen Harndrang – und das nach fünfzig Jahren!

Wenn Sie in der Nähe einer Fußballerkneipe lauthals „Olé, olé olé olé, we are the champions, we are the champions" singen, kommen alle Fußballfans aufgrund ihrer Verankerung in Resonanz und fangen an mitzusingen. Wenn Sie Ihre geliebte Fernsehserie einschalten, sind Sie in der entsprechenden Stimmung, sobald Sie die bekannten Bilder sehen und die vertraute Musik hören. Erklingt irgendwo Karnevalsmusik, dann ist der Karnevalsliebhaber sofort voller Elan, egal wie müde er eben noch gewesen sein mag. Was passiert in einem solchen Moment?

Das Bild, das Geräusch, die Berührung, der Geschmack oder der Geruch wird mit der Stimmung verbunden, die Sie das letzte Mal dabei erlebt haben. Die Stimmung aktiviert die neuronalen Regelkreise, die damit zusammenhängen, der Körper wird in Einsatzbereitschaft gebracht und die entsprechende

Energie steht zur Verfügung. Wie oft haben wir erlebt, daß jemand vollkommen geschafft herumsitzt und nicht imstande ist, auch nur einen Finger zu rühren; plötzlich klingelt es, man hört eine Stimme an der Tür, und schon springt der Träge auf und eilt zur Tür. Die Stimme hat ihn in die Stimmung versetzt, in der er war, als er die Person zuletzt sah, und schon ist die Energie da, und die Handlung erfolgt wie von selbst. Oder wie oft haben Sie bei einer langen Wanderung das Folgende erlebt: Sie sind nahezu ausgepumpt, Sie schleppen sich nur noch vorwärts, und plötzlich kommt hinter einer Kurve ein Café in Sicht. Sie richten sich auf, Ihr Schritt wird schneller, und die Abgeschlagenheit schmilzt wie Schnee in der Sonne. Wenn Sie sich dann hinsetzen, kommt die Müdigkeit wieder zum Vorschein.

Bis jetzt haben wir über die Anker gesprochen, die sozusagen von selbst entstehen; wir können die Verankerung aber auch ganz bewußt verursachen.

Wenn wir – aus unserer Sicht – eine Superleistung vollbracht haben, machen wir manchmal spontan eine Siegergebärde: den Daumen nach oben halten, ein Faust machen, die Handflächen wie im Gebet gegeneinander drücken, ein schnalzendes Geräusch mit der Zunge machen, ein Mantra sprechen oder was es auch sonst sein mag, jedenfalls nehmen wir dabei immer eine spezifische Haltung ein. Ein Fußballspieler, der sich allein bis zum Tor vorkämpft und dann daneben schießt, stürzt sich auf die Knie, bedeckt seinen Kopf und macht sich so klein wie möglich. Das ist eine Verankerung. Würde er diese Haltung in seinem Wohnzimmer wiederholen, käme er sofort wieder in die Stimmung des Mißerfolges.

Wenn ein Fußballspieler den entscheidenden Treffer landet, springt er in die Luft, um sich so groß wie möglich zu machen, ballt die Fäuste und fuchtelt mit den Armen herum, als wollte er alle Äpfel aus einem Baum schütteln. Auch das ist eine Verankerung. Wenn der Mann zu Hause sitzt, aufspringt, die Fäust ballt und die Arme schüttelt, kommt er in Kontakt mit dieser enthusiastischen Stimmung, und über diese Stimmung wird ein gigantischer Energiestrom frei.

Sie können jede beliebige Stimmung verankern, die Ihnen nützlich sein kann, und Sie können jederzeit die Energie abrufen, die Sie benötigen, indem Sie diese spezifische Verankerung anwenden. So können Sie einen Anker schaffen, um zur Ruhe zu kommen oder einen Anker, um aktiv zu werden oder aufmerksam und so weiter. Damit das, was Sie tun möchten, auch wirklich erfolgreich verläuft und Sie das Optimum Ihrer Möglichkeiten nutzen, können Sie einen Anker verwenden, mit dem Sie die Stimmung Ihrer Bestform und die Stimmung des Erfolges abrufen. So habe ich selbst einen Anker, um ins Hier und Jetzt zu gelangen, er versetzt mich unmittelbar in eine totale, nahezu ekstatische Ruhe, sobald ich in der entsprechenden Haltung sitze und ihn gebrauche. Der Anker ist: Daumen und Zeigefinger mit zartem Druck aneinanderhalten.

Wie kann man sich selbst mit einer Stimmung verankern? Am einfachsten ist es, wenn Sie durch den natürlichen Verlauf der Dinge in eine Stimmung kommen und wenn alle Umstände ideal sind. Ein Beispiel: Sie sind am Meer oder in den Bergen, und die Sonne geht gleich unter. Sie haben alle Zeit der Welt, und so setzen Sie sich hin, um den Sonnenuntergang zu betrachten. Bei mir entsteht dadurch ein ganz besonderes Gefühl von Frieden, Weite und Ehrfurcht vor dem Kosmos. Dieses Gefühl können Sie beispielsweise dadurch verankern, daß Sie mit dem Zeigefinger Ihrer rechten Hand einen Knöchel der linken Hand berühren. So wird das taktile Gefühl mit der Stimmung verbunden. Sie können auch ein Geräusch machen und zum Beispiel „hummmmmmm“ auf einer bestimmten Tonhöhe singen.

Wenn Sie jedoch nicht in der Stimmung sind, sich in einem so besonderen Augenblick mit diesen Techniken zu befassen, dann geht es auch anders. Aber beachten Sie: Sie müssen es *tun*, um eine Wirkung erfahren zu können. Machen Sie deshalb die folgende Übung und lernen Sie dieses mächtige Mittel kennen, durch das Sie immer in der bestmöglichen Stimmung sein können und dadurch auch die bestmöglichen Resultate erzielen.

Übung

Wählen sie eine Stimmung, die Sie gern abrufen würden. Finden dann Sie einen Moment Ihres Lebens, in dem Sie diese Stimmung erlebt oder erfahren haben. Rufen Sie sich die Stimmung zurück, indem Sie sich an diesen Moment erinnern und ihn assoziativ (als ob Sie es mit Ihren eigenen Augen sehen) erneut erleben. Sehen, hören und fühlen Sie alles, was in diesem Moment um Sie herum lebendig war. Nehmen Sie die gleiche Haltung ein und erleben Sie den Moment auf allen Gebieten – hörend, sehend, fühlend, schmeckend und riechend – so intensiv wie möglich. Gebrauchen Sie alle Submodalitäten, um das Erlebnis so lebendig zu machen, wie es (in Wirklichkeit) war. Sie können es sogar noch verstärken. Auf dem Höhepunkt dieser Stimmung berühren Sie sich nun an irgendeiner Stelle und/oder machen ein bestimmtes Geräusch und/oder schauen auf ein bestimmtes Symbol.

Sie können den Anker einige Male wiederholen, indem Sie sich genau an derselben Stelle mit demselben Druck berühren oder das Geräusch mit der gleichen Intonation, der gleichen Dauer und der gleichen Lautstärke hervorbringen.

Wechseln Sie nun kurz den Platz und verändern Sie Ihre Haltung; schütteln Sie alles von sich ab und setzen Sie sich dann wieder hin.

Sie können den Anker testen, indem Sie ihn gebrauchen und gleichzeitig beobachten, wie sich Ihre Stimmung und Ihre Physiologie dabei verändern. Wenn die Veränderung nicht befriedigend ist, wiederholen Sie die Übung noch einmal. Auf diese Weise können Sie verschiedene *einflußreiche Stimmungen* verankern und stapeln, die eine über die andere, um so die erste zu verstärken.

Chris, ein Freund von mir, hat die Lehrerausbildung (NLP) bei Richard Bandler in den Vereinigten Staaten gemacht. Nach den Lesungen, so erzählte er, wurden Videos von Milton Erickson, dem berühmten Psychologen gezeigt, an dem sich Richard Bandler und John Grinder orientiert hatten. Milton Erickson war Experte auf dem Gebiet der hypnotischen Induktion. Die Studenten wurden aufgefordert, sich Aufzeichnungen über sein Auftreten zu machen und dabei auf Details zu achten. Chris erzählte mir, daß er und die meisten anderen bei den ersten paar Malen, als sie das Video anschauten, vollkommen in Trance gefallen waren und absolut nichts auf das Papier brachten oder Details angeben konnten. Daraufhin hat Chris zwischen zwei Vorführungen einige aufmerksame, aktive und energiegeladene Stimmungen in sich verankert. Während der nächsten Videovorführung setzte er dann ständig diese Anker ein, um wach und aufmerksam zu bleiben, und indem er bei der anschließenden Besprechung zahlreiche Details aufzählen konnte, versetzte er alle anderen in Staunen.

Es ist auch möglich, daß Sie einen Anker für einen anderen Menschen setzen. Wenn Sie beispielsweise ein gutes Gespräch mit Ihrem Partner haben und spontan Ihre Hand auf seinen oder ihren Arm legen, schaffen Sie dadurch eine Verankerung. Wenn Sie Ihren Partner dann wiedersehen und Ihre Hand erneut mit demselben Druck auf dieselbe Stelle seines oder ihres Armes legen, werden Sie beide sogleich wieder in der guten Stimmung sein. Denn diese Gebärde ist sowohl für Sie selbst, als auch für Ihren Partner eine Verankerung dieser Stimmung. Als Therapeut können Sie dies auch, anstatt es spontan zu tun, *willentlich* bei einem Patienten einsetzen, um so eine bestimmte Wirkung zu erzielen, die Sie im Rahmen seiner Genesung für notwendig erachten.

Achten Sie auf die Anker in Ihrer Umgebung und in Ihrer Wohnung. Verbinden sie Sie mit *unheilvollen* Stimmungen, so sollten Sie sie ersetzen oder die Bedeutung verändern, die sie für Sie haben, (zum Beispiel durch Neurahmung wie auf den Seiten 43–45 beschrieben). Positive Anker mobilisieren all ihre Fähigkeiten. Verfügen Sie über sie und hüten Sie sich vor den Ankern, die andere bei Ihnen ohne Ihr Wissen setzen wollen. Eine der (vielen) Möglichkeiten, um negative Anker zu neutralisieren, ist die folgende: Stellen Sie sich vor, daß Sie das negative Gefühl oder das, was es hervorruft, in der linken Hand halten und dem in der rechten Hand ein positives Gefühl entgegenhalten. Erleben Sie das positive Gefühl so intensiv wie irgend möglich und klatschen Sie dann in die Hände. Das Ergebnis wird sein, daß die negative Verankerung neutralisiert wurde. Machen Sie von diesem bisher unbewußten Mechanismus *bewußt* Gebrauch. Bleiben Sie nicht das Opfer von äußeren Stimulanzien, die in Ihnen negative Stimmungen hervorrufen. Verstärken Sie den Zugriff auf jene Stimulanzien, die Ihre Stimmungen bewirken, lernen Sie, negative Verankerungen zu erkennen, und schaffen Sie sich selbst ein Repertoire an positiven, nützlichen Verankerungen, die Sie jederzeit einsetzen können.

Machen Sie sich eine glückliche Kindheit zum Geschenk

Was passiert ist, ist passiert" und „Was einmal geschehen ist, kann man nicht mehr verändern" – solche und ähnliche Sätze bekommen wir oft als eine Art Trost zu hören, wenn wir etwas Dummes gemacht haben. Aber ist das wirklich so? Bleibt nicht doch etwas von dem übrig, was vergangen ist, so daß die Vergangenheit in gewisser Weise immer weiterbesteht?

Die Antwort ist ganz einfach. Die einzige Form, in der das Vergangene weiterbesteht, ist die Form der Bilder, der Gefühle und Geräusche. Die Vergangenheit besteht also aus den gleichen Bestandteilen wie die sogenannte Wirklichkeit der Gegenwart. Denken Sie einmal nach: Wenn wir einen Baum gesehen haben, dann haben wir nicht den Baum in unserem Kopf, sondern lediglich das *Bild* des Baumes.

Während ich dies schreibe, fahre ich an einem Fjord in Norwegen entlang. Nicht das Wasser, die Felsen und die schönen Holzhäuser, die ich sehe, befinden sich in meinem Kopf, sondern nur die *Bilder* davon. So kann ich mir umgekehrt auch vorstellen, daß ich dort auf dem Wasser ein Segelboot entlangfahren lasse, das in Wirklichkeit gar nicht da ist. Das Boot auf dem Wasser segeln zu lassen, ist in diesem Fall ein bewußt konstruiertes Bild. Wir haben jedoch schon bemerkt, daß wir manchmal Bilder von Gegenständen sehen, die in Wirklichkeit nicht zu sehen sind. Es sind daher scheinbar viele und zudem verwirrende Kombinationen möglich.

Wie können wir nun unterscheiden zwischen Bildern, die sehr wohl auf der Wirklichkeit beruhen, und sagen wir „eingebildeten" Bildern von Gegenständen, die in Wirklichkeit nicht vorhanden sind, wohl aber durch unser visuelles Gedächtnis ausgelöst werden und ebenfalls durchaus wirklich erscheinen? Stellen Sie sich einmal vor, daß wir dies nicht unterscheiden könnten, dann müßten wir immer wieder zu erspüren versuchen, ob ein Baum, den wir sehen, nun echt ist oder nicht. Das wäre nicht sehr praktisch. Es kann jedoch durchaus einmal passieren, daß Sie jemandem begegnen, von dem Sie einfach nicht glauben können, daß er wirklich jetzt hier ist. Um herauszufinden, ob Sie nun träumen oder nicht, kneifen Sie dann beispielsweise in seinen Arm oder Sie kneifen sich selbst in den Arm.

Glücklicherweise verfügt das Unterbewußtsein über einen Code, mit dessen Hilfe es zwischen Bildern aus der Gegenwart, Bildern aus der Vergangenheit und Bildern, die man selbst konstruiert und in die Zukunft projiziert, unterscheiden kann. Dieser Code setzt sich zusammen aus den Submodalitäten, die im vorigen Kapitel besprochen wurden.

Wenn das Unterbewußtsein kaum einen Unterschied macht zwischen einem Segelboot, das wirklich auf dem Wasser vorbeigleitet, und einem, das ich dort hinprojiziere, dann kann es sicher auch nicht unterscheiden zwischen einem Bild, das uns wirklich in der Vergangenheit begegnet ist, und einem Bild, das wir konstruieren und dem wir den gleichen Code mitgeben, den das Unterbewußtsein mit Bildern aus der Vergangenheit verbindet. Wenn wir also in der Lage wären, diesen Code zu „knakken" und neue Bilder in unsere Vergangenheit zu „implantieren", würden sich auf einmal ungeahnte Möglichkeiten auftun, um verpaßte Chancen wiedergutzumachen.

Das bedeutet darüber hinaus, daß wir uns eine neue Vergangenheit erschaffen können, die wiederum neue Folgen für unsere Gegenwart hat.

„Was passiert ist, ist passiert" bleibt zwar weiterhin eine zutreffende Aussage, ich füge ihr aber hinzu, daß das, was vor zehn Jahren hätte passieren *müssen,* mit rückwirkender Kraft noch immer passieren kann, wenn wir das erwünschte Erlebnis mit allen erwünschten Gefühlen ganz präzise und korrekt implantieren, und zwar genau an der richtigen Stelle und mit den richtigen Submodalitäten auf der Zeitlinie (siehe nächstes Kapitel).

Wenn wir das korrekt ausführen, kann das Unterbewußtsein keinen Unterschied zu einer wirklichen Erinnerung feststellen, und so wird der Eindruck der neuen Vergangenheit im *Jetzt* sichtbar werden.

Wenn wir darüber nachgedacht haben, haben wir wahrscheinlich schon bemerkt, daß unsere Wirklichkeit, so wie wir sie jetzt kennen, auf unseren Erfahrungen und Gefühlen aus unserer Vergangenheit aufgebaut ist. So werden wir auch bemerkt haben, daß beispielsweise unsere Reaktionen auf einen Hund oder eine Katze von unseren Erfahrungen abhängig sind, die wir in unserer Vergangenheit mit anderen Hunden oder Katzen gemacht haben. Gehen wir nun einmal davon aus, daß wir mit diesen Reaktionen nicht zufrieden sind und eine Veränderung bewirken wollen, weil zum Beispiel unsere besten Freunde ihren lieben und gutmütigen Hund immer in ein anderes Zimmer sperren müssen, wenn wir zu Besuch kommen. Dann können wir uns nun entscheiden, etwas dagegen zu unternehmen.

Dasselbe gilt auch für unsere Kindheit. Nehmen wir an, daß es eine furchtbare Zeit für Sie war, dann können Sie auch noch nachträglich beginnen, etwas daran zu verändern. Es ist nie zu spät, um eine glückliche Kindheit zu erleben. Sie können sich bei anderen umschauen und sehen, wie deren Kindheit verlief und daraufhin diese „Modelle" an ihre eigenen Sehnsüchte angleichen. Das wichtigste ist, daß Sie dabei ein gutes Gefühl haben. Im Falle des Hundes könnten Sie sich daran erinnern, wie andere viel Freude und Spaß mit einem Hund erlebten, wie schön es ist, wenn er seine Liebe und Treue bezeugt, und wie froh er ist, wenn sein Herrchen nach einer gewissen Zeit wieder nach Hause kommt. Oder bedenken Sie, wie der Hund sein Herrchen warnt und ihm sogar einen Hinweis geben kann, ob der Mensch, der sich gerade nähert, eher freundlich oder unfreundlich ist. Einige Hunde sind nämlich hervorragende Psychologen.

Wenn es um Ihre eigene Kindheit geht, müssen Sie sich an Bilder aus Ihrer Jugend erinnern, also an Dinge, die Ihnen wirklich passiert sind, wobei Sie sorgfältig auf die Submodalitäten achten sollten. Beachten Sie genau die Qualität der Farben, die Größe der Bilder, die Lichtintensität, die Schärfe oder Verschwommenheit derselben und so weiter. Lauschen Sie den Klängen und Worten, der Tonhöhe, der Lautstärke, dem Rhythmus und vor allem: Lassen Sie diese alten Gefühle in sich selbst zu. Wenn Sie in etwa ein Gefühl von der Atmosphäre haben, bilden Sie sich ein, daß Sie als Kind einen Hund hatten. Spielen und raufen Sie mit ihm, so wie Sie das bei anderen Kindern gesehen haben. Wir können uns einbilden, wie froh der Hund war, als er uns wiedersah, nachdem wir eine Zeitlang weg gewesen waren. Diesen Bildern und Geräuschen geben wir nun dieselben Submodalitäten wie den Erinnerungen, die wir soeben aus der gleichen Zeit unserer Vergangenheit hervorgeholt haben. Die Gefühle, die dadurch entstehen, werden so integriert, als ob Sie sie wirklich in Ihrer Jugend erfahren hätten. Eine der ersten erfreulichen Folgen hiervon wird sein, daß Sie nun schon ein bißchen zu einem Hundeliebhaber geworden sind und von jetzt an fröhlich mit dem Hund Ihrer Freunde spielen können statt Angst vor ihm zu haben. Aber da ist noch mehr. Sie können Ihrer ganzen Jugend eine neue Dimension geben und müssen nicht länger im Banne der Bilder aus Ihrer Kindheit stehen.

Die Zeitlinie

Zeit und Raum sind miteinander verbunden und verwoben. In unserem Unterbewußtsein wird die Zeit auf eine besondere Art und Weise kodiert. Daher können wir an der Qualität des jeweiligen Bildes und seinen zugehörigen Submodalitäten erkennen, ob es sich um ein Bild aus der Vergangenheit oder aus der Zukunft handelt.

Wenn bei der Kodierung irgend etwas schiefgegangen ist, kann es sein, daß Sie Probleme mit der Planung, dem Beginnen und Beenden einer Aufgabe haben oder daß Sie unter aufbrausenden Gefühlen leiden. Sie können sogar den Eindruck haben, daß es keine Zukunft gibt und daß Sie niemals etwas wirklich Wertvolles in Ihrem Leben vollbracht haben. Wenn das für Sie zutrifft, ist es wichtig, daß Sie Ihre Zeitkodierung korrigieren.

Um Ihnen zu verdeutlichen, wie diese Korrekturen vorzunehmen sind, werde ich nun einige Beispiele und ein paar Übungen aufführen.

Wir beginnen mit einer einleitenden Übung, um selbst zu erleben, wie Zeit und Raum miteinander verbunden sind. Sie können die Übung allein machen, aber es wäre bequemer, jemanden einzuladen, Ihnen die Übungsanweisungen langsam vorzulesen und Ihnen dazwischen die notwendige Zeit zu lassen, um jede Etappe der Reise auch wirklich erfahren zu können. Anschließend können Sie dann die Rollen tauschen.

Übung

Ich lade Sie nun ein, sich gemütlich hinzusetzen, so daß sich Ihr Körper bequem gestützt und geborgen fühlt, und sich vorzustellen, daß Sie sich einer Veränderung unterziehen, daß Sie nicht mehr Sie selbst sind, sondern etwas anderes, nämlich „die

Zeit". (Wenn Sie die Übung mit jemand anderem zusammen machen, so lassen Sie den anderen den Text der Übung vorlesen; er oder sie sollte dafür sorgen, daß Sie für jede Übungsphase mindestens eine bis drei Minuten Zeit bekommen, um sie genau genug erfahren zu können).

Setzen Sie sich gemütlich hin und erleichtern Sie sich die Übung dadurch, daß Sie die Augen schließen; richten Sie Ihre Aufmerksamkeit nach innen, also in Ihren Körper hinein. Spüren Sie, wie die Luft an Ihren Nasenflügeln entlang nach innen strömt, und erleben Sie bewußt das Auf und Ab Ihres Atems. Lauschen Sie den Geräuschen innerhalb und außerhalb des Raumes und fühlen Sie, wie diese Geräusche mit dem *Jetzt* verbunden sind. Während Sie diesen Geräuschen lauschen spüren Sie, wie Sie ruhiger werden und sich entspannen.

Ein Geräusch, das Sie hören, kann einzig und allein im *Jetzt* sein. Ein Geräusch, das vor einer Sekunde erklang, ist nicht mehr zu hören. Jedes Geräusch, das von innen oder außen kommt, ist mit dem jetzigen Moment verbunden.

Fühlen Sie, wie Ihr Körper getragen wird und wo und wie er den Stuhl berührt; spüren Sie ganz bewußt, wie sich das anfühlt. Während Sie dies tun, werden Sie bereits bemerken, daß es nun ganz ruhig in Ihnen wird. Stellen Sie sich jetzt vor, wie es sich anfühlt, „Zeit" zu sein, beispielsweise eine Sekunde. Wie fühlt sich eine Sekunde an, wie erleben Sie es, eine Sekunde zu sein? Was fühlen Sie, was hören Sie, was sehen Sie? Machen sie das einige Male.

Stellen Sie sich dann vor, Sie wären eine Minute. Erfahren Sie, fühlen, sehen und hören Sie, wie es ist, eine Minute zu sein. Sagen Sie zu sich selbst: „Ich bin eine Minute." Was für ein Gefühl hinterläßt dies im Körper?

Wenn Sie dies vollständig erfahren konnten, stellen Sie sich vor, eine Stunde zu sein. Wo liegt nun der Unterschied? Spüren Sie, wie es sich anfühlt, eine Stunde zu sein.

Nun werden Sie ein Tag; beobachten Sie, wie es ist, ein Tag zu sein. Fühlen, schauen und horchen Sie, was ein Tag erfährt.

Wenn Sie dies vollständig erfahren haben, werden Sie ein Monat. Spüren Sie, wie es sich anfühlt, ein Monat zu sein. Schauen Sie herum, lauschen und hören Sie, wie es ist, wenn man ein Monat ist.

Wenn Sie dies erfahren haben, werden Sie ein Jahr. Beobachten Sie, wie anders es ist, ein Jahr zu sein, als eine Sekunde zu sein. Spüren Sie, schauen und horchen Sie, und lassen Sie es in sich wirken; nehmen Sie sich Zeit.

Nun werden wir einen größeren Sprung machen und die Zeitspanne von zehn Jahren erfahren. Erleben Sie, wie es ist, eine Zeitspanne von zehn Jahren zu sein. Nehmen Sie sich genug Zeit dafür.

Die Sprünge werden immer größer, und nun erfahren wir, wie es ist, wenn man „hundert Jahre" erlebt. Wie ist es, die Zeit zu sein und in der Zeit oder der Zeitspanne von hundert Jahren zu sein? Spüren Sie, wie das ist; schauen und horchen Sie, was so alles in hundert Jahren geschieht.

Wenn Sie das vollkommen erfahren haben, dann werden Sie jetzt zu tausend Jahren. Nehmen Sie sich Zeit und erfahren Sie, wie es ist, tausend Jahre zu sein. Schauen Sie sich genau um und horchen und spüren Sie, was „tausend Jahre" so alles erfährt.

Vielleicht können Sie sich noch daran erinnern, wie es sich anfühlte, eine Sekunde zu sein. Erspüren sie nun den Unterschied zwischen dieser Sekunde und den tausend Jahren, die Sie jetzt sind. Schauen Sie um sich herum, spüren und hören Sie die Qualität des Geräusches, das Sie in Ihrem Innersten hören, erfahren sie es möglichst vollständig. Nehmen Sie sich Zeit.

Wenn Sie dies vollkommen erfahren haben, werden Sie nun zehntausend Jahre. Gehen Sie es ruhig an. Sie sind nun zehntausend Jahre und erleben und erfahren, wie es ist, zehntausend Jahre zu sein. Schauen Sie genau hin, was Sie so alles sehen; betrachten Sie den Rhythmus Ihrer Umgebung, erfahren Sie diesen Rhythmus, spüren und hören Sie die Qualität des Geräusches um Sie herum auf die Art, wie „zehntausend Jahre" die Umgebung erfährt. Lassen Sie sich nicht hetzen: Sie sind die Zeit und darum haben Sie alle Zeit. Spüren Sie, wie „zehntausend Jahre" sich anfühlen. Beobachten Sie, was Sie sehen, und lauschen Sie der Qualität der Geräusche, die Sie hören.

Wenn Sie dies vollkommen erfahren haben, so machen Sie nun den letzten Sprung. Werden Sie zu hunderttausend Jahren. Gehen Sie tief hinein, erleben Sie es vollständig, schauen Sie genau um sich herum. Was sehen Sie, von wo aus schauen Sie, wo sind Sie? Schauen Sie genau hin und erfahren Sie, was Sie sehen, achten Sie auf die Qualität der Farben. Spüren Sie, wie es ist, hunderttausend Jahre zu sein, horchen sie auch auf das, was Sie hören, erfahren Sie die Qualität des Geräusches. Nehmen Sie dieses Gefühl tief in sich auf. Wenn Sie es genießen, so nehmen Sie sich ruhig die Zeit und gönnen Sie sich selbst diesen Moment. Aber auch hunderttausend Jahre gehen zu Ende.

Wir machen nun die gleichen Schritte in umgekehrter Richtung. Wenn Sie unterwegs auf eine Zeit treffen, die Ihnen besser gefallen hat als die anderen, dann verweilen Sie dort ruhig ein wenig und genießen Sie es. Nehmen Sie sich genügend Zeit, und achten sie nun besonders auf alle Unterschiede, die es gibt.

Zehntausend Jahre... Schauen, horchen und fühlen Sie, wie das ist.

Wenn Sie damit fertig sind, dann werden Sie wieder tausend Jahre, erfahren sie, wie das ist, und beachten Sie den Unterschied.

Wenn Sie damit fertig sind, werden Sie zu hundert Jahren und erleben den Unterschied.

Wenn Sie damit fertig sind, tauchen Sie in die Zeitspanne von zehn Jahren ein. Spüren Sie, wie sich zehn Jahre im Vergleich zu hundert Jahren anfühlen.

Gehen Sie dann zu einem Jahr und spüren Sie, wie das ist.

Werden Sie dann ein Monat und schauen, fühlen und hören Sie, wie das ist.

Werden sie dann ein Tag.

Eine Stunde...

Eine Minute...

Eine Sekunde...

Kommen Sie nun wieder ganz zu sich selbst zurück und bewegen Sie Ihre Hände und Füße ein wenig. Strecken Sie sich durch, nehmen Sie Kontakt zu ihrem Körper auf und öffnen Sie die Augen.

Jeder macht mit dieser Übung seine eigenen Erfahrungen. Einige fühlen sich bei einer Sekunde wohl und langweilen sich, wenn sie „zehn Jahre“ sind. Andere fühlen sich dann am besten, wenn sie „hunderttausend Jahre“ sind. Sie befinden sich irgendwo im Kosmos und schauen auf die Erde hinunter, die sich dort im Weltall dreht. Einige schweben bei hunderttausend Jahren zwischen den Planeten herum. Im allgemeinen erfährt man in der Tat, daß man im Raum ist und daß Zeit und Raum miteinander verbunden sind. Je größer die Zeitspanne ist, desto größer wird auch der Raum.

Indem wir diese Übung gemacht haben, sind wir dahinter gekommen, daß es eine Relation zwischen Zeit und Raum gibt. Wir finden dies übrigens auch in unserer Sprache wieder. Wir sprechen zum Beispiel darüber, daß wir etwas „hinter uns haben“ oder daß etwas noch „vor uns liegt“. Es ist jedoch erstaunlich festzustellen, daß jeder Mensch die Zeit auf eine eigene und völlig einzigartige Art erfährt und der Zeit auf sehr individuelle Weise einen Platz im Raum gibt. Das Vergangene liegt keineswegs immer „hinten“ und das Zukünftige nicht immer „vorn“. Es ist sogar so, daß Menschen, die die Vergangenheit „links“ liegen lassen, schneller Zugang zu guten Erfahrungen und Leistungen bekommen, die sie einst erlebt haben, als diejenigen, die die Vergangenheit „hinter“ sich haben.

Es ist möglich, im Rahmen eines Workshops oder einer therapeutischen Sitzung ganz genau festzustellen, wie Sie die Zeit innerhalb des Raumes einteilen. Die Erfahrung hat mir jedoch gezeigt, daß man dazu Assistenten benötigt; daher werde ich diese Übung hier nicht beschreiben. Wir werden stattdessen eine wirksame und praktisch anwendbare Zeitlinie aufstellen, mit deren Hilfe wir Probleme aus der Vergangenheit transformieren können. Eine Zeitlinie ist eine Linie, die Erlebnisse von Ihrer Geburt an bis jetzt miteinander verbindet und auch die Ereignisse miteinbezieht, die in der Zukunft liegen. Wenn Sie jedes Geschehnis als einen Punkt auftauchen lassen und die Punkte miteinander verbinden, erhalten Sie eine Linie, die Sie bildlich darstellen können. Eine Zeitlinie, mit der man gut arbeiten kann, beginnt an einem Punkt auf der linken Seite, der einige Meter von Ihnen entfernt ist, kommt dann auf Sie zu, führt an Ihnen entlang und entfernt sich schließlich schräg nach rechts, wobei sie sich leicht nach oben neigt und in der Ferne verschwindet. Der Anfangspunkt dieser Linie entspricht Ihrer Geburt; der Endpunkt ist nicht zu sehen. Alle Punkte auf der Linie sind Ereignisse in Ihrem Leben, und Sie können diese Linie im Sinne einer Zeitmaschine benützen, um dadurch Erfahrungen zu transformieren.

Übung

Legen Sie, nachdem Sie die folgenden Instruktionen gelesen haben, das Buch kurz zur Seite und machen Sie zunächst diese einfache Übung:

Schauen Sie nach links in eine Ecke, die sich in einem Winkel von etwa zwanzig bis fünfundvierzig Grad zu Ihnen befindet, und machen Sie sich ein Bild von einer leuchtenden Linie, die einige Meter weiter weg beginnt. Der Anfang der Linie ist der Augenblick Ihrer Geburt. Bitten Sie nun Ihr Unterbewußtsein, jeden Geburtstag als einen besonders intensiven Lichtpunkt aufleuchten zu lassen. Lassen Sie ihm dabei einfach freien Lauf und zählen Sie die Punkte nicht. Versuchen Sie nur, einen Eindruck zu bekommen. Machen Sie das, bis Sie im *Jetzt* ankommen. Die Zukunft lassen Sie einfach auf sich beruhen, da wir nicht direkt mit ihr arbeiten wollen.

Erpüren Sie nun, ob es Ihnen angenehm ist, daß die Vergangenheit auf der linken Seite liegt und die Zukunft rechts. Um das Gefühl deutlicher zu machen, drehen Sie die Linien um. Nehmen Sie dazu in Ihrer Vorstellung beide Linien und vertauschen Sie sie, so daß sich Ihre Zukunft von rechts nach links und Ihre Vergangenheit von links nach rechts bewegt. Warten Sie dann kurz, schauen Sie sich die neue Situation an, und spüren Sie, was sich für Ihr Unterbewußtsein am besten anfühlt. Wenn Sie keinen Unterschied spüren, oder die erste Möglichkeit Ihnen lieber ist, drehen Sie die Pole wieder um, denn neunzig Prozent der Menschen haben ihre Erinnerungen an die Vergangenheit der linken Seite zugeordnet. Wenn es sich jedoch mit der Zukunft auf der linken Seite angenehmer anfühlt, gehen Sie einfach von dieser Position aus. Mit anderen Worten: Sie wählen die Möglichkeit, die sich für Sie am besten anfühlt. Wenn Sie keinen Unterschied spüren, nehmen Sie die als erste beschriebene Position.

Was können wir nun mit der Zeitlinie anstellen? Mit Hilfe der Zeitlinie können wir Ereignisse aus der Vergangenheit transformieren, deren Folgen unser Verhalten bis heute negativ beeinflussen. So kam zum Beispiel eine Frau zu mir in die Therapie, die von einem Minderwertigkeitsgefühl geplagt wurde. Sie war sehr schüchtern und in Gesellschaft traute sie sich kaum, den Mund aufzutun, wodurch Sie natürlich die Erfahrung machte, überall ausgeschlossen zu werden. Als wir Ihr Unterbewußtsein darum baten, jenes Erlebnis aus ihrer Vergangenheit nach oben zu holen, das für diese Haltung verantwortlich war, kam unmittelbar ein Erlebnis nach oben, das sie im Alter von acht Jahren gehabt hatte. Sie saß in der Klasse und fragte die Lehrerin etwas, das sie nicht begriffen hatte. Die Lehrerin fand die Frage so dumm, daß sie sie vor den Augen der ganzen Klasse lächerlich machte. Die Patientin bemerkte, daß sie damals so rot wie eine Tomate wurde und tief beschämt war. (Wohlgemerkt: Dies war ihre Wirklichkeit, so wie sie sie erfahren hat; deshalb braucht sie noch nichts mit der Wahrheit zu tun zu haben, aber wie gesagt arbeiten wir im NLP mit dem, was für den Klienten als Wirklichkeit erscheint.)

Seit dieser Zeit machte sie aus Angst vor neuen Erniedrigungen nur noch selten den Mund auf. Ihr Bewußtsein hat jedes spätere Ereignis innerhalb von Gruppen so gefärbt, daß sie darin jedesmal einen Beweis dafür sah, minderwertiger und dümmer zu sein als die anderen, was auch für alle deutlich sichtbar war.

Dies ist eine ausgezeichnete Situation, um die Zeitlinie anzuwenden. Glücklicherweise hatte diese Klientin zwischen ihrem achten Lebensjahr und heute (sie ist inzwischen einunddreißig) auch einige positive Erfahrungen gemacht, die sie spüren ließen, daß sie trotz allem etwas wert ist, was auch von anderen bemerkt wurde. Diese Erfahrungen konnte sie benutzen, um die alte in einen neuen Rahmen zu setzen, sozusagen als Hilfsquelle oder als Gegengewicht. Als Therapeut kann man darüber hinaus noch einen anderen Standpunkt anbieten, durch den mehr Einsicht oder Information über das vergangene Erlebnis verfügbar wird. So erzählte ich ihr beispielsweise, daß es die Aufgabe einer Lehrerin ist, den Lehrstoff auf eine solche Weise zu vermitteln, daß derjenige, der den Stoff noch nicht kennt, in der Lage ist, diesen zu empfangen und zu begreifen. Wenn sich dann herausstellt, daß einer der Schüler den Stoff nicht verstanden hat, bedeutet dies weder für das Kind noch für die Lehrerin ein Versagen. Es ist vielmehr ein nützliches Feedback, das der Lehrerin zeigt, daß sie beispielsweise ein anderes Repräsentationssystem gebrauchen müßte und dieses Problem durch den Einsatz von mehr visuellen, auditiven oder kinästhetischen Termini lösen könnte. In diesem Fall war die Frau (damals das Mädchen) ausgesprochen kinästhetisch veranlagt, und es ist daher nicht schwer zu begreifen, daß ihr visuelle Beispiele für das Begreifen der Dinge nicht sehr hilfreich waren.

Indem wir das Erlebnis in diesen neuen Rahmen setzten, verlegten wir den Schwerpunkt der „Schuld" und des „Versagens" in Richtung Lehrerin und entlasteten das Kind, indem wir es neu bewerteten. Diese und andere Informationen können wir benutzen, unsere eigene Geschichte zu verändern.

Wie man das macht, werde ich nun am Beispiel dieser Klientin demonstrieren. Zunächst habe ich nachgeschaut, auf welcher Seite ihre Vergangenheit lag.

Ich: „Ria, stellen Sie sich Ihre Lebenslinie vor und bitten Sie Ihr Unterbewußtsein, zu akzeptieren, daß die Lebenslinie an der linken Wand anfängt (vier Meter entfernt) und daß das *Jetzt* hier ist, wo Sie stehen. Gelingt Ihnen das? Gut – zeigen Sie mir nun den Platz an, wo Sie das Erlebnis hatten, als Sie acht Jahre alt waren."

Ria: „Dort." (Ich lege einen Bergkristall auf diese Stelle). „Nein, etwas weiter!" (Ich verschiebe den Bergkristall). „Ja, so ist es gut."

Ich: „Wir haben über den wunderbaren Moment gesprochen, als Sie sich mit Ihrem Geliebten zusammen sehr gut fühlten; Sie waren damals vierundzwanzig Jahre alt. Wollen Sie mir den Punkt auf der Zeitlinie zeigen?"

Ria: „Dort." (Ich plaziere dort – sehr passend – ein herzförmiges Schmuckstück aus Glas, das ich zufällig zur Hand habe).

Ich: „Treten Sie nun aus dem *Jetzt* heraus und laufen Sie an der Zeitlinie entlang bis zu dem Punkt, wo das Ereignis mit Ihrem Geliebten stattgefunden hat, bei dem Sie das gute Gefühl hatten und wo Sie Ihren Selbstwert in positiver und unterstützender Weise erfahren konnten. Treten Sie nun an dieser Stelle wieder auf die Linie; treten sie vollkommen in die Erfahrung ein, erleben Sie sie, als ob Sie sie jetzt mit Ihren eigenen Augen sehen. Erfahren Sie diesen herrlichen Moment aufs neue. Lauschen Sie den Worten und dem Klang der Stimmen, schauen Sie auf die Farben und das Licht, spüren Sie Ihren Körper und erleben Sie das Glück und die Freude darüber, daß Sie jemand sind, der der Mühe wert ist und der auch jemand anderen glücklich machen kann. Gehen Sie ganz in das Gefühl hinein, und wenn Sie soweit sind, geben Sie mir ein Zeichen. (Nach einer Weile nickt sie.)

Ich: „Ria, ich sehe und fühle, daß Sie noch nicht ganz angekommen sind; gehen Sie ganz hinein und zeigen Sie mir durch Ihre Haltung, Ihren Gesichtsausdruck und durch die Röte auf Ihren Wangen, daß Sie ganz und gar dort angekommen sind."

Ria: „Ja, ich war noch nicht ganz dort. Ich probiere es jetzt noch einmal."

Ich: „Ria, die Instruktion an Ihr Unterbewußtsein, es zu *probieren*, führt zu Verwirrung und ist nicht die sinnvollste Art, um zu einem Resultat zu kommen. Machen Sie es sich bequem und *tun* Sie es einfach; erinnern Sie sich an das Gefühl, als Sie nach Hause kamen und ihn umarmten, lauschen Sie Ihrer eigenen Stimme und der seinen, hören Sie die Geräusche im Zimmer, schauen sie auf das Licht und die Farben, machen Sie die Farben leuchtender, erleben Sie Ihren Atem, spüren Sie die Freude und die Würdigung Ihrer selbst und fühlen Sie das Glück, das in Sie hineinströmt."

(Sie verändert nun ihre Körperhaltung; die Mundwinkel gehen ein wenig nach oben, es kommt mehr Farbe auf die Wangen, und die kleinen Muskeln um die Augen wirken entspannter. Sie nickt.)

Ich: „Halten Sie diese Stimmung fest, genießen Sie sie und bringen Sie nun den Daumen und Zeigefinger der rechten

Hand zusammen, damit das Gefühl, das Sie jetzt haben, mit diesem guten Gefühl in Ihrem Unterbewußtsein verankert wird. Treten Sie nun aus der Zeitlinie heraus und gehen Sie an dem Punkt vorbei, an dem der Begkristall liegt; halten Sie Daumen und Zeigefinger zusammen und bleiben Sie in Kontakt mit dem herrlichen Gefühl. Treten Sie nun an einem Punkt, wo Sie etwa sieben Jahre alt waren, auf die Zeitlinie und schauen Sie in Richtung *Jetzt*. Wir stehen jetzt an einem Punkt in Ihrer Vergangenheit, wo das Erlebnis in der Schule noch nicht stattgefunden hat. Machen Sie sich nun ein Bild von dem Moment, kurz bevor Sie die Frage stellen wollten. Sehen Sie sich selbst als achtjähriges Mädchen dasitzen; schauen Sie sich ihre Kleider an und geben Sie sich selbst als dem achtjährigen Kind das Wissen und das Gefühl, das Sie jetzt haben. Geben Sie dem Kind, das Sie damals waren, den neuen Standpunkt und die Informationen, die wir soeben besprochen haben.

Wenn Sie das getan haben, lassen Sie Bewegung in das Bild kommen und machen einen Film daraus. Lassen Sie den Film weiterlaufen und schauen Sie, was passiert."

Ria: „Das Kind reagiert ganz ruhig auf die Lehrerin und verhält sich ganz normal."

Ich: „Gut, Sie machen es sehr gut; lassen Sie das gute Gefühl in sich noch stärker werden und verbinden Sie sich jetzt mit dem Erlebnis. Treten Sie in den Film ein und erleben sie das Ereignis noch einmal neu, als ob Sie wieder das achtjährige Kind sind, diesmal jedoch durch mehr Information und ein reicheres Gefühl gewappnet und gestärkt. Erleben Sie es aus Ihrer eigenen Sicht und von Ihrem eigenen Gefühl aus."

Ria: (zweifelnd) „Was ist der Unterschied zu vorhin?"

Ich: „Der Unterschied ist, daß Sie vorhin von hier aus auf sich selbst geschaut haben; Sie schauten sich sozusagen einen Film über sich selbst angeschaut, während Sie es nun erneut absolut wirklich erleben. Sie sitzen mittendrin und schauen aus den Augen einer Achtjährigen. Mit diesen Augen sehen Sie die Lehrerin vor sich stehen."

Ria: „O.K. – jetzt habe ich es verstanden."

Ich: „Warten Sie kurz, kommen Sie zunächst nochmal von der Zeitlinie herunter, speichern Sie aufs neue das gute Gefühl, als Heilquelle, und treten Sie dann wieder auf die Zeitlinie zu dem Ereignis in der Schule."
(Nach einer Weile.) „O.K. – gut so, wie ist die Erfahrung jetzt?"

Ria: „Ich bleibe dabei sehr ruhig, es ist gar nicht mehr so dramatisch; ich fühle mich sogar sehr gut, daß ich das so erfahren kann, und bin darüber hinaus ein bißchen stolz..."

Ich: „Perfekt – halten Sie das gute Gefühl fest und gehen Sie nun langsam auf der Zeitlinie entlang in Richtung Gegenwart. Während Sie dies ganz bewußt tun, wird sich das Gefühl und der Einfluß all jener Lebenserfahrungen, die die Folge dieses Schulerlebnisses waren, neu anpassen. Die weniger nützlichen Erfahrungen werden auf dieselbe Weise transformiert werden, wie Sie soeben das eine Erlebnis transformiert haben. Von jetzt an werden sie ihren positiven Beitrag zu Ihrer Selbstachtung und Ihrem Selbstwertgefühl leisten."
(Nach einer Weile.) „Soweit ich sehen kann, gelingt Ihnen das sehr gut."

Ria: „Ja, ich fühle mich sehr gut."

Ich: „Sie sind jetzt im *Heute* angekommen und schauen auf die Zukunftslinie, die sich rechts von Ihnen befindet. Geben Sie Ihrem guten Gefühl nun eine Farbe und schicken Sie diese Farbe in Ihrer Vorstellung über die Zukunftslinie soweit Sie blicken können. Gelingt Ihnen das?"

Ria: „Ja, es macht Spaß, das zu tun."

Ich: „Schauen Sie nun nochmal kurz auf die Vergangenheit, auf den Punkt, an dem das Schulerlebnis liegt und fühlen Sie, wie das jetzt ist."

Ria: „Es ist ein Erlebnis wie jedes andere – neutral."

Ich: „Sehr gut, wir werden nun noch kurz einen Test für die

Zukunft machen. Was wäre normalerweise das nächste Erlebnis in der Zukunft, mit dem Sie, wenn Sie diese Arbeit hier nicht gemacht hätten, Schwierigkeiten bekommen würden? Stellen Sie sich das Erlebnis vor, schauen Sie sich selbst wie in einem Film an und schauen und hören Sie auf die Menschen und auf sich selbst: Wie verhalten Sie sich?"

Ria: „Ganz entspannt."

Ich: „Gehen Sie nun so hinein, als ob Sie mit Ihren eigenen Augen sehen, und lauschen und vor allem *fühlen* Sie, wie es jetzt ist..."

Ria: „Es geht gut, ich fühle mich normal."

Ich: „Was meinen Sie mit normal?"

Ria: „So wie ich mich bei guten Freunden fühle, sicher und entspannt."

Ich: „Ich danke Ihnen, Sie haben es geschafft."

Was ist nun eigentlich mit der Vergangenheit dieser Frau passiert? Die Tatsachen sind weder ausgelöscht noch verändert worden. Das Kind stellt die Frage, und die Lehrerin antwortet. Diese beiden Aspekte des Erlebnisses sind übrigens völlig unwichtig. Was jedoch sehr wohl verändert wurde, ist der Inhalt der Antwort, wie sie das Mädchen zu hören bekam. Mit „Inhalt" meine ich nicht die Wörter an sich, denn diese wurden ausgesprochen und brauchen nicht verändert zu werden; mit „Inhalt" meine ich die Bedeutung der Wörter, die Tragweite für das Kind. Diese Bedeutung hat die Klientin ihnen als Kind selbst gegeben. Das Gefühl der Minderwertigkeit ist nicht durch die Worte der Lehrerin entstanden, es ist durch das entstanden, was das Kind selbst daraus gemacht hat. Es würde mich nicht wundern, wenn wir, für den Fall, daß wir diese Lehrerin aufsuchen und sie die gleiche Geschichte erzählen lassen würden, etwas vollkommen anderes zu hören bekämen.

Durch die Übung ist folgendes passiert: Rias Bewußtsein wurde erweitert, indem man ihr einen Standpunkt angeboten hat, der eine andere Sicht auf die ganze Sache ermöglicht hat. Sie wurde mit Erfahrungen und Heilquellen in sich selbst in Kontakt gebracht und darüber hinaus in eine Stimmung versetzt, die stärkend, bereichernd und unterstützend wirkte. Das Erlebnis wurde in einen neuen Rahmen gesetzt, und dieser neue Rahmen wurde gleichzeitig an der richtigen Stelle auf ihrer Zeitlinie plaziert.

In Anbetracht der Tatsache, daß wir unsere eigene Wirklichkeit mit unserem eigenen Bewußtsein erschaffen, konnte es also nicht anders kommen, als daß die durch das Kinderbewußtsein kreierte Wirklichkeit durch die Wirklichkeit, die wir während der Übung mit einem neuen und erweiterten Bewußtsein geschaffen haben, verändert und ersetzt wurde. Diese neue Wirklichkeit gab Ria ein gutes Gefühl in bezug auf sich selbst, was ja das Ziel war. In ihrem weiteren Leben hat sie von diesem Schultag an offensichtlich Tausende von Ereignissen angezogen und erschaffen, die mit diesem Gefühl der Minderwertigkeit verbunden waren. Sie hat durch die Brille und den Rahmen dieses Minderwertigkeitsgefühls auf die Ereignisse geschaut und sie folglich verdreht, bis sie in diesen Rahmen hineinpaßten. Dadurch konnte sie sich selbst immer wieder beweisen, daß ihre Überzeugung, sie sei weniger wert als die anderen, zutraf. Dieser Mechanismus ist uns inzwischen ja bekannt. Indem das ursprüngliche Gefühl der Minderwertigkeit durch das neue Gefühl des Selbstwertes ersetzt wurde und indem sie die Handlung des bewußten Gehens auf der Zeitlinie in Richtung Gegenwart vollzog, wurden alle Kreisläufe, die in das alte Gefühl mündeten, an das neue Gefühl angeschlossen. In der Zukunft wird eine derartige Erfahrung sie nicht mehr belasten, sondern am Ende des Internalisierungskreislaufs in ihrem Gehirn auf ein gutes, gleichgewichtiges und unterstützendes Gefühl des Selbstwertes stoßen.

Für diejenigen, die mit einem Computer arbeiten, ist dies eine vertraute Arbeitsweise. Sie befinden sich in einer unangenehmen Situation und schreiben einen Brief, den sie unter dem Dateinamen „BRIEF.TXT“ abspeichern. Bevor Sie ihn wegschicken, möchten Sie noch ein wenig darüber nachdenken, und „zufällig“ begegnen Sie danach jemandem, der Ihnen eine ganz andere Geschichte über diese Situation erzählt, wodurch derjenige, dem Sie den Brief geschrieben haben, in einem ganz neuen Licht erscheint (v), so daß ihr Brief eigentlich absurd geworden ist. Sie rufen den Brief nochmals aus dem Speicher ab und verändern bestimmte Passagen im Text. Der Computer fragt anschließend: „Neu speichern?“ und Sie tippen „Ja“. Der Brief wird nun an derselben Stelle und ebenfalls unter dem Namen „BRIEF.TXT“ im Computer abgespeichert, aber der alte Inhalt ist durch den neuen ersetzt worden. Wenn Sie nun „BRIEF.TXT“ abrufen, erhalten Sie nicht mehr den alten Brief, sondern den neuen.

Diese Technik der Neurahmung mittels der Zeitlinie ist so unglaublich einfach, daß es sehr vielen Menschen schwerfällt, sie anzunehmen, vor allem, wenn sie mit der Überzeugung leben, daß jede Therapie mühsam und schmerzhaft sein, viel Geld kosten und vor allem lange dauern muß. Das Traurige dabei ist, daß diese Menschen, solange sie daran glauben, weiterhin genau von den Therapien angezogen werden, die tatsächlich mühsam und schmerzhaft sind, viel Geld kosten und lange dauern. Ist es aber wirklich notwendig, daß man eine Tür, die man zwanzig Jahre lang nicht aufbekommen hat, weil man immer den verkehrten Schlüssel verwendet hat, noch weitere zwanzig Jahre verschlossen läßt, auch wenn man den richtigen Schlüssel gefunden hat?

Strategien, die wir einsetzen, um etwas zu erreichen

Jeder hat so seine eigene Strategie, um mit einer Handlung zu beginnen. Im Rahmen von NLP bezieht sich das Wort Strategie auf den Weg, dem wir in unserem Gehirn folgen, um eine Entscheidung zu treffen oder eine Handlung einzuleiten. Richard Bandler und John Grinder haben den Prozeß, der sich im Gehirn abspielt, in drei große Abschnitte eingeteilt, nämlich:

- ein innerer Seinszustand (I.S. = Innerer Seinszustand),
- ein Prozeß, der sich im Gehirn abspielt, wie etwa Denken, Vergleichen oder Bewerten (I.P. = Interner Prozeß),
- ein Verhaltensmuster, das sich daraus ergibt (E.V. = Externes Verhalten).

Wir repräsentieren diese drei Abschnitte mit Hilfe der drei Hauptmodalitäten: visuell, auditiv und kinästhetisch (v,a,k). Die Strategie besteht aus einer bestimmten Reihenfolge, in der wir bestimmte Schritte machen, von denen der letzte die eigentliche Aktion ist.

Jeder von uns hat seine ganz persönliche Strategie. Die Strategie, die wir benutzen, um etwas zu kaufen, wird eine andere sein als die Strategie, mit der wir uns selbst motivieren zu heiraten. Eine Strategie führt jedoch erst dann zu einer Aktion, wenn alle drei Hauptmodalitäten mindestens einmal benutzt worden sind. Wenn Sie herausfinden wollen, auf welchem Gebiet und in welchem Kontext ihre Strategie gut ist, müssen Sie einfach nur hinschauen, wo die Dinge für Sie gut laufen. Wenn Sie sich zum Beispiel leicht entschließen können, etwas zu kaufen, auf der anderen Seite aber große Schwierigkeiten haben, sich zu einer Handlung zu motivieren, kann es nützlich sein herauszufinden, ob Sie im letzten Fall nicht vielleicht Schritte überspringen und ob Sie die Strategie des Kaufens nicht auch für Ihre Motivation einsetzen können.

Ein Beispiel: Der Verlag bat mich, anstelle eines kleinen Ratgebers (wovon ich schon einige geschrieben habe) ein größeres Buch über das Unterbewußtsein und NLP zu schreiben. Ein dikkeres Buch zu schreiben bedeutete jedoch mehr Arbeit, vielleicht sogar drei- bis viermal soviel. Was war nun meine Strategie bei der Entscheidung, ob ich es tun würde? Zuerst dachte ich an diejenigen, denen durch das Lesen des Buches geholfen werden könnte. Dann sagte ich mir, daß ich das Buch beim Management-Training, im Unterricht und in meinen Workshops als Referenz mitbringen könnte. Danach stellte ich mir vor, wie ich für dieses Buch gewürdigt werden würde. Das gab mir ein gutes Gefühl, und daher beschloß ich, es zu schreiben.

Um mich selbst zu motivieren eine Aufgabe anzufangen, auf die ich nicht viel Lust habe, mache ich folgendes: Ich mache mir ein Bild davon, wie es sein wird, wenn die Arbeit erledigt ist; dadurch entsteht in mir ein gutes Gefühl, und dann sage ich zu mir selbst: Na komm, laß' uns anfangen. In welcher Reihenfolge ging ich nun bei der Entscheidung bezüglich des Buchauftrages vor?

Ich machte einen inneren Prozeß durch, bei dem ich die Gegebenheiten verarbeitete, sagte mir selbst einige Dinge (a), machte mir ein Bild (v) vom zu erwartenden Endresultat, bekam dabei ein gutes Gefühl (k), traf eine Entscheidung und wurde aktiv (k). In NLP-Termini bezeichnet man die Schritte dieses Prozesses als Ai-Vi-Ki-Ke (nämlich: auditiv intern → visuell intern → kinästhetisch intern → kinästhetisch extern.) Es handelt sich also um einen zunächst inneren Prozeß, der einen inneren Zustand und schließlich ein äußeres Verhalten zur Folge hat.

Es ist wichtig, daß man sich selbst in einer motivierenden Weise Instruktionen geben kann, aber es versteht sich von selbst, daß dies auch nützlich ist, wenn man mit anderen kommuniziert. Wenn jemand mich dazu bringen will, etwas zu unternehmen, sollte er am besten die obengenannte Strategie befolgen, und zwar in exakt derselben Reihenfolge. Wählt er nämlich die falsche Reihenfolge, so werde ich viel weniger interessiert sein. Wenn man mir beispielsweise sagen würde, wie gut es sich anfühlt, ein Buch zu schreiben, so würde nichts bei mir passieren, da das Schreiben an sich und die Suche nach den richtigen Tasten auf der Tastatur für mich der lästigste Teil ist. Für jemand anderen kann das völlig anders sein. Beim Weitergeben einer Idee, eines Dienstes, eines Produktes oder einer Therapie oder bei der Aufgabe, andere zu motivieren, hängt der Erfolg unter anderem davon ab, ob man derselben internen Reihenfolge folgt wie derjenige, mit dem man kommuniziert.

Wenn Sie eine bestimmte Anzahl von Dingen für sich erreichen wollen, ist es nützlich zu wissen, wie Ihre Strategie aussieht. Um herauszufinden, wie sie aufgebaut ist oder wie die eines anderen aussieht, müssen Sie mit Ihrer Erinnerung einfach zu einem Moment zurückgehen, in dem Sie eine bestimmte Entscheidung getroffen und diese auch in die Tat umgesetzt haben. Stellen Sie sich diesen Moment vor, als ob Sie ihn nochmal ganz aufs neue erleben. Fragen Sie sich dabei immer, was Sie damals hörten, fühlten und sahen und was es war, was Sie den Entschluß zum nächsten Schritt fassen ließ, was kurz davor und kurz danach geschah und so weiter.

Wenn Sie dies von jemand anderem wissen wollen, so folgen Sie seinen Augenbewegungen. Dadurch können Sie seinen gesamten internen Prozeß nachvollziehen. Dies ist sogar notwendig, denn sonst könnte jemand zu Ihnen sagen: „Und dann fühlte ich...“, während sich seine Augen nach oben links bewegen und dann erst nach rechts unten. Dann wissen Sie, daß diese Person zuerst ein Bild gehabt hat, dem das Gefühl folgte. Dies müssen Sie dann zunächst verifizieren, also untersuchen, ob es stimmt. Wenn Sie die richtige Reihenfolge erwischen, können Sie mit Sicherheit aktiv werden und jemandem helfen, mit einer Handlung zu beginnen oder eine Wahl zu treffen. Auch wenn jemand immerzu Entscheidungen trifft, die nicht nützlich oder gar schädlich für ihn sind, können Sie die Reihenfolge herausfinden, die er dabei anwendet, und indem sie dann einen der Schritte verändern, verändern Sie alle weiteren Schritte und somit auch das Endresultat.

So war einmal eine Frau bei mir, die ein Problem mit ihrem Körpergewicht hatte. Sie erzählte unter anderem, daß sie jeden Abend an einem Imbißstand in ihrer Straße vorbeifahren mußte, um zu ihrem Haus zu gelangen. Wenn Sie den Imbißstand sah, bekam sie Hunger und hielt an, um sich ein paar in Fett fritierte Krapfen zu kaufen. Daraufhin fuhr sie nach Hause, aß die Krapfen mit großem Genuß auf und fühlte sich danach jedesmal unwohl. Trotz der Tatsache, daß sie sich jedesmal krank fühlte und dies darüber hinaus nicht gerade die beste Methode ist, um abzunehmen, wiederholte sich dieser Prozeß jeden Tag.

Was war ihre Strategie? Was brachte sie dazu, jedesmal wieder diese Krapfen zu kaufen? Dies kann man erst herausfinden, wenn man sie in die Situation zurückversetzt. Ich bat sie also, sich in die Situation des vergangenen Abends zurückzuversetzen. Als es soweit war, erzählte sie: „Ich sehe den Imbißstand, ich stelle mir vor, wie ich die Krapfen esse und dabei einen angenehmen Geschmack auf der Zunge spüre; ich bekomme auch Hunger und sage dann zu mir: „Warum eigentlich nicht?“ Danach halte ich an und kaufe mir die Krapfen.“

Analysieren wir diese Strategie, dann lautet sie wie folgt: Ve-Vi-Ki-Ki-Ai-Ke. Wenn wir nun das erste Vi (innere Bild) dadurch verändern, daß wir es durch ein anderes Bild ersetzen, beispielsweise ein Bild, in dem sich die Frau sieht, wie sie leichenblaß vor dem Spiegel steht und ihr der Schweiß von der Stirn rinnt, dann bekommt sie sicherlich ein anderes Gefühl, sagt wahrscheinlich etwas anderes zu sich selbst und gibt schnell Gas, anstatt auf die Bremse zu treten. Es ist interessant, daß diese Frau erst dann ein Hungergefühl empfand, nachdem sie sich selbst die Krapfen hatte essen sehen. Davor hatte sie keinen Hunger gehabt.

Es kann gut sein, daß einige Leser und Leserinnen nun auf einmal aufrecht auf ihrem Stuhl sitzen, also eine Körperhaltung eingenommen haben, die deutlich Interesse bekundet. Vielleicht gibt Ihnen die oben aufgeführte Geschichte den Impuls, die Strategie zu verändern, die Sie einsetzen, um abzunehmen. Die Damen könnten das auch noch mit anderen Bildern verbinden, in denen sie sich selbst ganz schlank und in einem eleganten Rock oder einer hautengen Jeans herumlaufen sehen, wodurch das Unterbewußtsein ein deutliches Bild von dem bekommt, was sie erreichen wollen.

Wenn Sie solche Impulse an Ihr Unterbewußtsein weitergeben wollen, müssen sie dies immer innerhalb der drei Hauptsysteme, nämlich V.A.K., tun und dabei die richtigen Augenbewegungen machen.

Übung

Schauen Sie nach links unten und sagen Sie sich (a): „Ich will schlank und wohlproportioniert werden und sechzig Kilo wiegen.“ Richten Sie Ihre Augen dann nach rechts oben und konstruieren Sie ein Bild von sich selbst (v), wo Sie bereits sechzig Kilo wiegen und die idealen Proportionen schon erreicht haben. Intensivieren Sie das Bild durch alle Submodalitäten, die es Ihnen ermöglichen, es bedeutsamer, schöner oder kräftiger zu machen (zum Beispiel größer, heller und dreidimensional). Genießen Sie es, sich selbst so zu betrachten, und gehen Sie dann in das Bild hinein. Spüren Sie, wie es ist, so auszusehen. Richten Sie Ihre Augen nun nach rechts unten (k) und fühlen Sie ganz intensiv, wie es sich anfühlt, einen so schönen Körper zu haben. Machen Sie dies einige Male hintereinander.

Wollen Sie Ihr Unterbewußtsein noch besser unterstützen und ihm gleichzeitig beweisen, daß Sie es ernst meinen, so setzen Sie die Übung ein, um ein Ziel zu erreichen. Fragen Sie sich selbst: „Was hindert mich daran, abzunehmen...?" Antwort: „X." Frage: „Was benötige ich, um X zu vermeiden?" Antwort: „Y." Frage: „Was brauche ich, um Y zu bekommen?" Antwort: „Z". Frage: „Was hindert mich daran, Z zu bekommen oder zu machen?" Antwort: „Nichts." Frage: „Wann werde ich den ersten Schritt machen, um Z zu erreichen?" Antwort: „Morgen früh um viertel nach acht."

Vergessen Sie nicht: Die beste Art zu beweisen, daß Sie es ernst meinen, ist das Ausführen der Tat. Dadurch verstärken Sie den Mechanismus. Worte sind gut, Taten sind besser.

Was sind Ihre Kriterien ?

Was ist wichtig für Sie, was sind Ihre Normen und Maßstäbe wenn es darum geht, etwas zu entscheiden? Ehrlichkeit, Aufrichtigkeit, Reichtum, Macht, Reinheit, Geselligkeit, Entwicklung, Weisheit, Sex, Gemütlichkeit, Genuß, Effizienz, Schnelligkeit, Perfektion?

Warum ist es überhaupt wichtig, das zu wissen und seine Aufmerksamkeit darauf zu richten? Die Tatsache, daß das Unterbewußtsein gern Dinge ausführt, mit denen es sich in Resonanz befindet, könnte dazu führen, daß Sie, wenn Sie etwas tun möchten, was gegen eines Ihrer wichtigen Kriterien ist, entweder von Ihrem Unterbewußtsein sabotiert werden oder aber, wenn Sie es doch tun, anschließend Schuldgefühle haben.

Später werden wir über tief verwurzelte Überzeugungen sprechen, die uns nicht bewußt sind und die die Ursache für Ereignisse sein können, die wir dann als Unglücksfälle und Mißerfolge oder sogar als ernsthafte Erkrankungen erfahren müssen. Wenn es in Ihrem Leben ein Muster des Mißerfolges gibt, das immer wiederkehrt, dann können Sie sicher sein, daß eine alte Überzeugung dahinter steckt, die jeden Erfolg gründlich sabotiert. Mit diesen alten Überzeugungen werden wir uns gegen Ende dieses Buches noch beschäftigen, weil Sie bis dahin weit genug vorgedrungen sein werden, um sie aufspüren und verändern zu können. Dabei werden Sie lernen, die Vorteile Ihrer alten Überzeugungen zu bewahren und nur die Aspekte zu verändern, die nicht mehr zu Ihnen passen und Sie daher behindern. So kannte ich beispielsweise jemanden, der sehr ruhelos war und sich niemals entspannen konnte. Sein altes Überzeugungsmuster, das zu diesem Verhalten geführt hatte, stammte aus der Zeit, als sein Großvater noch an sechs Tagen in der Woche jeweils sechzehn Stunden arbeiten mußte, um seinen Lebensunterhalt zu sichern. Damals war es natürlich verwerflich, sich zu entspannen und auszuruhen.

Was sind Ihre Kriterien? Sind diese Kriterien an die Umstände der heutigen Zeit angepaßt? Sind es Ihre Kriterien oder die Ihrer Eltern oder Großeltern, Ihres Mannes oder Ihrer Frau? Wie üblich können Sie dahinter kommen, indem Sie die richtigen Fragen stellen. John Grinder, einer der Gründer des NLP, ist Sprachwissenschaftler und Spezialist in der Formulierung von Fragen. Es ist wichtig, daß man seine Fragen sehr präzise stellt. Betrachten Sie das folgende Beispiel unter diesem Aspekt.

Frage: „Stellen sie sich vor, daß Sie in einem Verein sind, was ist die wichtigste Qualität, die die Mitglieder haben sollten?"
Antwort: „Einfachheit, sie müssen einfach sein."
Frage: „Was ist das Gegenteil von einfach?"
Antwort: „Aufgesetzt, blasiert, angeberisch."
Frage: „Nehmen wir an, sie wären einfach; was könnte dann bei Ihnen dennoch zu dem Entschluß führen wegzugehen?"
Antwort: „Unehrlichkeit."
Frage: „Was ist für Sie das Gegenteil von Unehrlichkeit?"
Antwort: „Ehrlichkeit."
Frage: „O.K., stellen Sie sich vor, daß die Menschen in dieser Vereinigung einfach und ehrlich sind, was könnte Sie dann noch dazu veranlassen auszutreten?"
Antwort: „Wenn Sie zu dumm wären."
Frage: „Was ist für Sie das Gegenteil von dumm?"
Antwort: „Intelligent; Menschen die mich verstehen und von denen man etwas lernen kann."
Frage: „Angenommen, die Leute in der Vereinigung wären einfach, ehrlich und intelligent, gäbe es dann vielleicht doch noch etwas, was Sie dazu veranlassen würde auszutreten?"
Antwort: „Aggression; wenn sie aggressiv wären, würde ich weggehen."
Frage: „Was ist das Gegenteil von aggressiv für Sie?"

Antwort: „Ruhig."

Frage: „Stellen Sie sich vor, die Mitglieder der Vereinigung wären einfach, ehrlich, intelligent und ruhig, sehen Sie dann noch irgendeinen Grund, diese Vereinigung zu verlassen?"

Antwort: „Nein."

Testfrage: „Stellen Sie sich vor, Sie wären einer Vereinigung beigetreten, und irgendwann sehr viel später stellt sich heraus, daß die Mitglieder aufgesetzt, angeberisch, dumm, unehrlich und aggressiv sind; gäbe es dann vielleicht doch noch einen Grund, dort Mitglied zu bleiben?"

Antwort: „Nein...; oder vielleicht doch. Wenn es so wäre, daß ich Mitglied dieser Vereinigung werden *müßte*, beispielsweise um in der Gesellschaft weiterzukommen oder bei meiner Arbeit, dann würde ich vielleicht trotz allem bleiben."

Wie Sie sehen, kommt hier letztlich noch das Kriterium „Geld" oder „sozialer Status" ins Spiel. An dieser Stelle können Sie einhalten und herausfinden, was das wichtigste Kriterium ist, indem Sie beispielsweise fragen: „Stellen Sie sich vor, daß die Leute alle Eigenschaften besitzen, außer Ehrlichkeit, würden Sie dann dennoch bleiben?"

Durch solche Fragen können Sie auch herausfinden, welche Kriterien Sie selbst in einem bestimmten Kontext anwenden. Im Familienleben sind das vielleicht völlig andere als im Beruf.

Ihre Handlungen hängen von Ihren Kriterien ab. Vielleicht tun Sie Dinge, die Sie selbst und Ihre Umgebung in Schwierigkeiten bringen. Sie legen beispielsweise großen Wert auf Schnelligkeit und finden, daß andere alles viel zu langsam machen. Dadurch entstehen Probleme. Allerdings vergessen Sie auch schon mal die eine oder andere Kleinigkeit, da Sie alles so schnell machen, und müssen dann oft noch einmal Zeit investieren, um die Dinge wieder in Ordnung zu bringen.

Wir wissen, daß unser Gehirn ein Bild, das es empfängt, auf die Weise kodiert, daß die wichtigen Geschehnisse von den unwichtigen getrennt werden, und zwar mittels der Submodalitäten. Ähnliches findet mit den Kriterien statt. Wir werden jetzt herausfinden, welche Submodalitäten den bedeutsamen Kriterien und welche den unbedeutsamen zugeordnet werden. Sobald wir dies wissen, können wir Verschiebungen bewirken, damit unsere Handlungen nicht mehr von einem bestimmten Kriterium beherrscht werden.

Lesen Sie sich den Text der folgenden Übung zunächst ruhig durch (wir haben jede Menge Zeit) und führen Sie die Übung dann schrittweise aus. Wenn Sie mit jemandem zusammen sind, der Ihnen helfen möchte, können Sie ihn oder sie den Text der Übung vorlesen lassen; lesen Sie ihn aber dennoch zuerst einmal selbst.

Übung

1 Identifizieren Sie sich mit einem bestimmten Kontext (Familie, Arbeit oder Vereinigung), richten Sie Ihre Gedanken darauf und wählen Sie ein Kriterium, das Ihnen in diesem Bereich sehr wichtig ist. Ordnen Sie diesem Kriterium ein Symbol zu (beispielsweise: Ihr Kriterium ist „Schnelligkeit", Ihr Symbol eine Rakete).
Machen Sie sich ein Bild von diesem Symbol, und betrachten Sie es ganz genau. Achten Sie dabei auf Eigenschaften wie Größe, Abstand, Klarheit, reine Farben oder Pastellfarben, umrahmt oder als Panorama, Schärfe, Fokus und ähnliche mehr. Notieren Sie sich die wichtigsten.

2 Wählen Sie nun ein Symbol für ein Kriterium, das in dieselbe Kategorie fällt wie das vorige, das aber unbedeutend ist (zum Beispiel: „Ordnung", Symbol: „ein Glas klares Wasser").
Machen Sie sich nun ein Bild von diesem Symbol und beachten Sie wieder Eigenschaften wie Größe, Abstand, Klarheit, reine Farben oder Pastellfarben, umrahmt oder als Panorama,

Schärfe, Fokus und so weiter. Notieren Sie wieder die wichtigsten.

3 Schreiben Sie sich nun die unterschiedlichen Submodalitäten dieser beiden Bilder auf. Sie werden sehen, daß das erste Bild beispielsweise zwei mal zwei Meter groß ist, während das zweite nur fünfzig Quadratzentimeter mißt. Das Gehirn drückt den Unterschied zwischen wichtig und unwichtig nämlich dadurch aus, daß es das Bild größer, beziehungsweise kleiner macht. Das erste sehen Sie möglicherweise in einem Abstand von zwei Metern vor sich, das zweite in einem Abstand von fünf Metern. In diesem Zusammenhang bedeutet näher wichtiger, weiter weg bedeutet unwichtiger. Beide Bilder sind jedoch gleich scharf; das bedeutet, daß wir mit dieser Eigenschaft nicht arbeiten können. Obwohl das erste Bild als Panorama erscheint und das zweite als gerahmtes Bild, sie also deutliche Unterschiede aufweisen, können wir auch hiermit nicht arbeiten, weil dies keine Eigenschaft ist, die wir verschieben können, das ist aber gerade der Sinn dieser Übung. Das erste Bild ist hell, das andere dunkler. Diese Unterschiede können wir durchaus graduell verschieben. Es gibt drei Submodalitäten, die wir, falls wir dies wünschen, vorsichtig und graduell verschieben und verändern können, nämlich: Abmessung, Abstand und Lichtstärke.

Falls Sie jenen Menschen gehören, die keine Bilder sehen können, sagen Sie sich: „Angenommen ich könnte Bilder sehen, wie würden die dann aussehen?“ Richten Sie Ihre Augen dabei nach oben, nach links oder rechts, je nachdem, was Sie brauchen. Sie werden sehen, daß Sie so absolut deutliche Bilder bekommen.

Nehmen wir nun an, daß Sie die Bedeutung, die Sie der Schnelligkeit geben, ein wenig verringern und stattdessen lernen wollen, etwas ordentlicher zu arbeiten. Wie machen Sie das? Lassen Sie zunächst zu beiden Symbolen ein Bild entstehen und stellen fest, daß Symbol A (für Schnelligkeit) zwei Meter entfernt und größer ist als Symbol B (für ordentliches Arbeiten), welches fünf Meter entfernt und leicht nach rechts verschoben ist. A ist hell, B etwas dunkler. Sie betrachten beide Symbole und sagen sich selbst, daß es nützlicher wäre, etwas weniger schnell zu arbeiten. Indem Sie an den Zeitaufwand denken, der durch Ihre mangelnde Beachtung der Details letztlich nötig wird, setzen Sie das schnelle Arbeiten in einen neuen Rahmen. Sie könnten sich auch sagen, daß Sie das erwünschte Ergebnis letztendlich schneller erreichen, wenn Sie etwas langsamer und sorgfältiger arbeiten. Folglich schieben Sie Symbol A ein bißchen nach hinten und machen das Bild etwas kleiner. Achten Sie dabei auf Ihre Gefühle. Schieben Sie nun Symbol B ein bißchen nach vorn, und lassen Sie es größer werden. Lassen Sie es so nah herankommen, wie es angenehm für Sie ist. Spüren Sie, wie das Symbol an Bedeutung gewinnt.

Machen Sie Bild A nun etwas dunkler und lassen Sie B etwas heller werden. Wenn Sie eine optimale Position gefunden haben, verankern Sie sie mit einem gedanklichen Clip und machen dabei ein lautes Geräusch, beispielsweise „klick" (denken Sie daran, daß das Unterbewußtsein auf einfache Dinge wie Bilder, Geräusche, Gefühle und Handlungen reagiert und nicht durch abstrakte Gedanken programmiert werden kann). Spüren Sie, wie sich die neue Situation anfühlt, kehren Sie dann mit Ihrer Aufmerksamkeit wieder in das Zimmer zurück, schauen Sie sich um, schütteln Sie kurz die Arme durch und rufen Sie dann erneut Symbol A und B ab. Schauen Sie, in welchem Verhältnis sie nun zueinander stehen. Wenn ihre Position dieselbe ist, wie in dem Moment, wo Sie sie verankerten, ist die Operation gelungen. Ist Ihre Position jedoch wie vorher, dann hat das Unterbewußtsein die Veränderung als übertrieben empfunden und das ursprüngliche Verhältnis wiederhergestellt.

In diesem Fall beginnen Sie nochmal von vorn. Schieben Sie ganz vorsichtig A nach hinten und bitten Sie Ihr Unterbewußtsein, Sie zu warnen, wenn es genug ist. Machen Sie dasselbe mit

B. „Klicken" Sie das Ganze dann wieder mit Hilfe eines Geräusches und eines imaginären Clip fest und spüren Sie, wie es sich anfühlt. Kommen Sie anschließend mit Ihrer Aufmerksamkeit in den Raum zurück und wiederholen Sie nach einer Minute die ganze Testprozedur. Wenn nötig wiederholen Sie sie nochmals.

Ich habe diese Übung einmal mit einem Arbeitnehmer gemacht, der seinem Chef ständig Projekte vorschlug, die „ganz eilig" und genau aus diesem Grund undurchführbar waren (beispielsweise die Organisation eines Weltkongresses in einer Zeit von zwei Monaten, etwas, wofür in dieser Branche normalerweise ein Jahr benötigt wird, wenn man die richtigen Leute erreichen möchte). Das Resultat war verblüffend, zumal ich außerdem für eine richtige Plazierung des Projektes auf der Zeitlinie sorgte, mit allen Submodalitäten der Situation, wie sie ein Jahr später sein sollte.

Bedenken Sie beim Arbeiten mit Normen und Kriterien, daß das Maß der Bedeutsamkeit sich nach der entsprechenden Situation richten sollte. Für einen Chirurgen mag Gemütlichkeit vielleicht das wichtigste Kriterium sein, wenn er mit Freunden zusammen ist, im Operationssaal sollte es das nicht sein.

Die Zukunft planen

Wenn Sie irgendwann Klavierspielen lernen wollten, es aber nach zehn Stunden wieder aufgegeben haben, dann lag das wahrscheinlich daran, daß Sie einer falschen Kodierung auf der Zeitlinie zum Opfer gefallen sind. Wenn Sie etwas Neues lernen wollen (beispielsweise Klavierspielen), haben Sie natürlich eine Vorstellung von dem zu erwartenden Endresultat. Dabei haben Sie vielleicht die Neigung, Ihr jetziges Niveau von einem Bild Ihrer selbst in der Zukunft, wo Sie bereits gut Klavierspielen können, abzugrenzen. Sie projizieren sich also selbst in die Zukunft und sehen, hören und erfahren sich als jemanden, der bereits fantastisch oder zumindest ganz anständig spielen kann. Wenn das Gehirn dieses Bild aufgrund einer verkehrten Kodierung in unrealistische Nähe auf Ihrer inneren Zeitlinie rückt, werden Sie frustriert, weil Sie den Eindruck bekommen, daß das Ziel, welches Sie sich gesetzt haben, unerreichbar ist. Dies ist der Punkt, an dem die meisten Menschen dann auch aufgeben.

Wenn Sie, so wie ich, den Auftrag bekommen, innerhalb von sechs Monaten ein Buch zu schreiben, sollten Sie von Ihrer Zeitlinie Gebrauch machen. Es könnte sonst nämlich durchaus vorkommen, daß Ihr Gehirn das Buch an den Platz setzt, wo normalerweise die Dinge stehen, die in den nächsten zwei Jahren passieren müssen. In diesem Fall haben Sie das Gefühl, daß Sie mehr als genug Zeit haben, und so werden Sie den Beginn des Projektes immer weiter hinausschieben und zu spät realisieren, daß die Zeit drängt. Plaziert Ihr Unterbewußtsein das Buch andererseits zu nah, dann entsteht Panik, und Sie fühlen sich unnötigerweise gehetzt.

Als ich einst irgendwo in den Niederlanden einen Kurs gab, machte ich eine sehr merkwürdige Erfahrung, die mit der Zeitlinie zusammenhing. Ich kam in das Haus der Frau, die den Kurs organisiert hatte, weil wir gemeinsam zum Veranstaltungsort fahren wollten. Sie war nicht in der üblichen Stimmung, denn ihr Sohn saß im Gefängnis, weil er am Abend zuvor bei einem Einbruchdiebstahl in einem Warenhaus erwischt worden war. Er hatte zwar nicht wirklich an dem Einbruch teilgenommen, hatte aber auf dem Rücksitz eines Autos gesessen, das dabei benutzt worden war. Der Junge hatte mit solcherlei Dingen normalerweise nichts zu tun. Daher wurde er am nächsten Tag wieder freigelassen.

Wir sprachen damals über die Sache und dabei stellte sich heraus, daß der Junge einen Traum gehabt hatte, in dem ihm deutlich gemacht worden war, daß er das Jahr der Europäischen Vereinigung (1992) nicht mehr erleben würde. Wir schrieben bereits das Jahr 1991, und der Junge hatte an dem Abend in einer Bar einige andere Jungs getroffen, die herumerzählten, daß sie soeben ohne Schwierigkeiten ein paar Sachen aus einem Lager geklaut hatten und am selben Abend noch einmal hinfahren wollten, um sich noch mehr zu holen. Der Junge dachte sich natürlich, das sei eine aufregende Sache und darüber hinaus auch recht angenehm, sich so im Dunkeln ein bißchen was dazuzuverdienen. Als sie ihn fragten, ob er mitmachen würde, sagte er also „Ja“. Am bewußten Warenhaus angekommen, realisierte er jedoch, daß es sich hier wirklich um einen Einbruch handelte, und das empfand er nun doch als Verbrechen. Darum blieb er einfach im Auto und wartete. Die Polizei, die alarmiert worden war, nahm ihn dennoch fest und ging anschließend auf die Jagd nach den anderen. Für die Mutter und den Vater war das eine unbegreifliche Geschichte, und als sie ihren Sohn fragten, warum er das getan hatte, gab er zur Antwort: „Wenn du wirklich glaubst, daß du das nächste Jahr nicht mehr erlebst, dann kann dir alles ziemlich gleichgültig sein; aber man will ja doch noch etwas erleben und nebenbei gemütlich ein bißchen Geld verdienen, um etwas mehr Bargeld zur Verfügung zu haben." Dies war damals so in etwa sein Gedankengang. Dagegen interessierten ihn Pläne wie heiraten oder einen Beruf ausüben nicht.

Ich habe mich dann ein bißchen mit ihm unterhalten, und ihn gebeten, sich vorzustellen, daß er diesen Traum *nicht* gehabt hätte. Danach fragte ich ihn, was er gern mit seinem Leben machen würde. Es war nicht gerade einfach, aber schließlich kamen wir dahinter, daß er gern eine kleine Werkstatt hätte, um an Motoren herumzubasteln und ähnliche Arbeiten auszuführen. Anschließend haben wir einen Zeitplan aufgestellt. Ich habe ihn gefragt, in welchem Zeitraum er sich die Realisierung seines Wunsches vorstellen könnte. Seine Antwort lautete: „Innerhalb von fünf Jahren." Da keine Zeit mehr übrig war, und ich die Abendvorlesung halten mußte, habe ich die Mutter darum gebeten, eine Zeitlinie mit ihm aufzubauen und die Werkstatt in einer Entfernung von fünf Jahren „festzuklicken". Ich bat den Jungen, sich einige Male möglichst lebendig vorzustellen, eine Werkstatt zu haben, sie zu sehen, zu hören und zu fühlen, und anschließend den Besitz der Werkstatt fünf Jahre später zu plazieren, also 1996, vier Jahre nach 1992.

Ich weiß nicht, ob es wirklich beabsichtigt ist, daß dieser Junge die Welt 1992 verlassen wird und sich sein Traum damit erfüllt. Wenn man mit Traumdeutung arbeitet, zieht man in diesem Fall ganz andere Schlüsse, aber davon hatte der Junge natürlich keine Ahnung. Was ich aber sehr wohl weiß, ist, daß es für den Jungen in keinem Fall nützlich war, mit dem Gefühl herumzulaufen, in einem Jahr nicht mehr da zu sein. Also haben wir uns mit diesem Gefühl beschäftigt und dafür gesorgt, daß der Junge wieder gut funktionieren und seine Zeit sinnvoll gestalten konnte.

Einige Menschen gehen innerhalb ihres Weltbildes davon aus, daß jeder Tag ihr letzter sein könnte und daher vollständig genossen werden sollte. Andere wiederum finden es besonders anregend, sich vorzustellen, daß jeder Tag der *erste* ihres

Lebens ist, so daß sie die Dinge jedesmal wieder neu sehen können.

Um die Planung auf Ihrer Zeitlinie ganz präzise durchführen zu können, brauchen Sie wieder die Submodalitäten. Nehmen Sie beispielsweise das Klavierspielen. Informieren Sie sich, wie lange es normalerweise dauert, bis Sie mit der von Ihnen angewandten Methode gut Klavierspielen können, wobei Sie wiederum anhand von Vorbildern spezifizieren sollten, was Sie mit „gut" meinen. Gehen Sie von dieser Zeit aus und wägen Sie ab, ob Sie in der Lage sein werden, es schneller zu schaffen oder nicht. Entscheiden Sie sich für eine Zeitspanne, in der Sie diese Stufe erreicht haben wollen – sagen wir zwei Jahre.

Rufen Sie sich dann Ihre Zukunftszeitlinie vor Augen und bitten Sie Ihr Unterbewußtsein, ein Bild zu formen, in dem Sie sich in zwei Jahren beim Zähneputzen sehen. Beobachten Sie, wo Ihr Unterbewußtsein dieses Bild auf der Zeitlinie ansetzt, und achten Sie dabei genau auf die Submodalitäten wie Größe, Klarheit, die Art der Farben und so weiter. Machen Sie sich dann ein Bild davon, wie Sie aussehen werden, wenn Sie in zwei Jahren bereits wunderbar Klavierspielen können, und zwar an derselben Stelle auf der Zeitlinie und mit denselben Submodalitäten. Beziehen Sie dabei das schöne Gefühl, das Sie haben, weil Sie so wunderbar spielen können, mit ein, und lauschen Sie den Klängen und dem Rhythmus. Gehen Sie an der Zeitlinie entlang bis an diese Stelle, stellen Sie sich dann darauf und machen Sie sich die Bilder zu eigen, erleben Sie es ganz und gar, sehen Sie es mit Ihren eigenen Augen, fühlen Sie Ihre Finger über die Tasten gleiten, hören Sie die Klänge und Rhythmen und vor allem: Fühlen sie die Schönheit der Musik, die Sie spielen, würdigen Sie die Weise, in der Sie es tun, und erleben Sie, wie froh Sie sind, daß Sie so spielen können.

Die Tatsache, daß Sie zu diesem Zeitpunkt so gut spielen können, schließt nicht aus, daß Sie es auch schon früher können. Wenn Sie merken, daß durch die Vorstellung, daß Sie es schon früher können, der Lernprozeß beschleunigt wird, so passen Sie die Stelle auf der Zeitlinie an diese Vorstellung an. Tun Sie dies, indem Sie zunächst ganz ruhig werden und Ihr Unterbewußtsein dann fragen, zu welchem Zeitpunkt es beabsichtigt, diese Qualität des Spielens erreicht zu haben.

Sie müssen sich stets vor Augen halten, daß das Unterbewußte die Impulse ausführt, die es vom Gehirn in Form von Bildern, Geräuschen, Stimmen und Gefühlen übermittelt bekommt. Das Unterbewußtsein aktiviert und organisiert anschließend den „physischen Pool", um das Ziel zu erreichen, und mehr als das: Es zieht die Umstände an, die zur Verwirklichung des Zieles notwendig sind.

Wir sind alle Magier, und zwar sehr viel bessere, als wir selbst uns vorstellen können. Dasjenige, an das wir wirklich glauben, manifestiert sich hundertprozentig. Geschieht dies nicht, so ist das einfach ein Zeichen dafür, daß wir nicht wirklich und kongruent daran geglaubt haben. Kongruent bedeutet hier, daß unser logischer Verstand mit unserem Unterbewußtsein auf einer Ebene ist. Kongruenz kann sich spontan einstellen, zum Beispiel in einem dramatischen Moment, in dem Ihr eigenes Leben oder das Ihres Kindes in Gefahr ist, sie kann aber auch erlernt werden, wenn Sie die Hindernisse, die sich in Ihrem Unterbewußtsein befinden, aus dem Wege räumen. Das wichtigste ist, daß wir lernen, mit unserem Unterbewußtsein zu kommunizieren, und daß zwischen uns und unserem Unterbewußtsein ein freundschaftliches Verhältnis entsteht.

Von jeher verfügten die Kahunas, hawaiianische Zauberpriester, über die Kongruenz von Bewußtsein und Unterbewußtsein und über ein besonderes Verhältnis zu Ihrem Unterbewußtsein. Sie waren beispielsweise in der Lage, innerhalb von wenigen Sekunden Beinbrüche und schwere Verletzungen zu heilen. Sie besaßen auch die Fähigkeit, Menschen über weite Entfernungen zu töten oder Tote für einige Stunden wieder zum Leben zu erwecken. Der Sprachwissenschaftler Max Freedom Long war der erste, der diese Phänomene studierte und beschrieb.

Ich selbst wurde in das Reinigungsritual des Ho'oponopono-Systems eingeweiht, das mit dem Zusammenspiel zwischen Bewußtsein, der Mutter (Uhana), Unterbewußtsein, dem Kind (Unihipili), und höherem Bewußtsein, dem Vater (Aumakua) arbeitet.

Im täglichen Ritual geht es darum, das Band zwischen Mutter und Kind zu festigen und die Liebesbeziehung zwischen den beiden wiederherzustellen, um anschließend mit dem Vater, dem höheren Bewußtsein, zusammenzuarbeiten. In der transformierten Version, die ich kenne, wendet sich dieses Trio dann an die Quelle der Göttlichkeit, um Reinigung, Vergebung und die Lösung der Probleme zu erbitten, die man bei sich selbst und anderen verursacht hat.

Das heutige Ho'oponopono, wie es von einer der letzten Töchter eines Kahuna, Morrnah Simeona, überliefert wird, zeigt auch auf, daß der Mensch selbst die Quelle für alles ist, was ihm begegnet. Durch Reinigung und Läuterung kann man seine Beziehungen heilen und alles auf den rechten Platz rücken, was man jemals falsch gemacht hat. In diesem System nimmt das Kind, Unihipili, eine Schlüsselrolle ein; ihm muß man sich mit viel Liebe, Konsequenz und Verständnis nähern, wenn man es zur Zusammenarbeit überreden möchte.

Selbstachtung und Grenzen

Selbstachtung zu haben bedeutet, sich selbst so anzunehmen, wie man ist, mit der Bereitschaft, an der eigenen Entwicklung zu arbeiten. Anne Linden vom *New York Training Institute* setzte eine sehr gute Frage ein, um die Selbstachtung zu testen. Sie fragte alle Teilnehmer der Ausbildung, welche Note sie sich geben würden, wenn sie sich selbst als Mensch beurteilen müßten. Sie gab uns etwas Zeit und fragte dann: „Gibt es jemanden, der sich eine schlechtere Note als eine Eins gegeben hat?"

Fast alle Finger gingen nach oben, denn wir machten zwar alle NLP, waren aber dennoch bescheiden geblieben. Sie zog demonstrativ erstaunt die Augenbrauen hoch und sagte: „Wie kann das denn sein? Wenn ich eine Katze fragen würde, welche Note sie sich als Katze geben würde, so würde sich jede Katze ohne zu zweifeln eine Eins geben, denn katziger als eine Katze kann sie immerhin nicht werden." Als Menschen verdienen wir alle die Note Eins. Die Art und Weise, in der wir das „Mensch-Sein" ausdrücken, ist vielleicht der Verbesserung wert, aber als Mensch bekommen wir alle eine Eins, denn wir können nicht mehr als Mensch sein.

Wir können die Techniken und Einsichten des NLP auf einem Gebiet einsetzen, auf dem viele Menschen Probleme haben: Selbstachtung und Grenzen. Selbstachtung ist die Basis, wenn man andere achten und von anderen geachtet werden will. Mit Grenzen umgehen zu können, ist die Grundlage für Kommunikation und Entwicklung. Achtung vor sich selbst zu haben, bedeutet in diesem Kontext nicht so sehr, „nett zu sich selbst zu sein", als vielmehr, sich selbst so zu akzeptieren, wie man ist.

Wirkliche Selbstachtung beinhaltet, daß Sie sich nur mit Dingen beschäftigen, die Ihre Selbstachtung unterstützen. Sie können lernen, die Wirklichkeit selektiv zu betrachten, indem Sie die Dinge betonen, die Ihren Respekt vor sich selbst unterstützen. Wenn Sie Respekt für sich selbst entwickeln wollen, ist es nützlich, daß Sie Ihre Grenzen ziehen können und wissen, was das Ihre ist und was anderen gehört.

Kürzlich lag ich abends mit meiner Frau auf dem Sofa, und wir genossen die herrliche Musik und ein Gläschen Wein, als das Telefon klingelte. Noch vollkommen offen und entspannt nahm ich den Hörer ab und wurde von einem zum anderen Moment mit einem Liebesdrama konfrontiert. Ich hatte eine heulende Freundin meiner Frau am anderen Ende, die völlig aus der Fassung, wütend, schluchzend und schreiend, stockend und stammelnd und bis in die Tiefe ihrer Seele hinein verletzt war. Im Laufe dieses verzweifelten Telefongespräches kamen mir selbst die Tränen. Als das Telefongespräch dann schließlich vorbei war, sahen meine Frau und ich uns betreten an. Da saßen wir nun, und unsere wunderbar entspannte Stimmung war wie weggefegt. Die Trauer und die Aggressionen der verletzten Frau hatten alle Offenheit für die Entspannung und die Musik zunichte gemacht. Wir waren überfallen worden, und da wir in diesem Moment nicht auf unsere Grenzen geachtet hatten, bekamen wir die ganze Ladung ab und übernahmen einen Teil ihrer Gefühle. Es war nicht gerade leicht, diese wieder loszuwerden und zu sich selbst zu kommen. Obwohl es nicht unsere Agressionen und unsere Trauer waren, hatten wir doch damit zu kämpfen (k) – von „gemütlich herumliegen“ war keine Rede mehr (a).

Es ist gut, wenn man seine Grenzen nach eigenem Belieben setzen kann. Es gibt auch Umstände, in denen es nützlich sein kann, seine Grenzen zu verlieren. Beispielsweise wenn man ein Baby im Arm hält oder wenn man mit seinem geliebten Partner zusammen ist. Es ist auch angenehm, seine Grenzen zu verlieren, wenn man einen schönen Film ansieht. Meistens geht man nicht wegen der Informationen, die vermittelt werden, in einen

Film, sondern um in der Atmosphäre, der Spannung und den Emotionen aufzugehen. Es ist nicht sinnvoll, dabei andauernd seine Grenzen aufrechtzuerhalten. Auch hier ist es gut, wenn man mit seinen eigenen Grenzen umgehen kann, denn ich kenne Menschen, die nicht in bestimmte Filme gehen können, weil sie ihrer eigenen Meinung nach zu emotional darauf reagieren. Das bedeutet aber, daß sie nicht in der Lage sind, ihre Grenzen zu bestimmen, wenn dies nötig sein sollte. Im weiteren Verlauf dieses Kapitels werde ich einige Tips geben, wie man daran unmittelbar etwas ändern kann.

Menschsein ist eine Frage der Entwicklung unserer Auswahlmöglichkeiten. Man kann ohne Grenzen sein, man kann Mauern aufbauen (so daß keine gegenseitige Kommunikation mehr stattfinden kann) und man kann Grenzen setzen, die für beide Seiten von Nutzen sind.

Grenzen können durchlässig sein, sie können Informationen von innen nach außen und von außen nach innen gelangen lassen. Unsere Haut ist hierfür ein gutes Beispiel. Sie scheidet schädliche Stoffe aus dem Körper aus, nimmt nützliche Stoffe auf und hält andere, minder nützliche oder schädliche Substanzen ab. Ich bin soeben im Meer geschwommen. Stellen Sie sich vor, meine Haut hätte das Wasser durchgelassen, dann würde ich hier nicht mehr am Strand sitzen und auf meinen Laptop tippen.

Ob Sie lernen, Ihre Grenzen abzustecken, ist nicht nur eine Frage Ihres Charakters. Es hat auch mit äußeren Umständen zu tun, die Sie selbst erschaffen können. Einige der Techniken, die wir in den Workshops zum Thema Selbstachtung und Grenzen anwenden, werden in diesem Kapitel behandelt.

Einer der Gründe, warum man sich selbst in einer Person, einem Umstand oder einem Ereignis verliert, ist, daß man wie durch einen Tunnel blickt. Man nennt das Tunnelsicht. Sie schauen zwar mit Ihren Augen auf das Ganze, aber Ihr Bewußtsein filtert beinahe alles heraus, was zur Folge hat, daß sich Ihre

Aufmerksamkeit auf einen einzelnen Aspekt der Sache beschränkt, wodurch dieser enorm aufgeblasen wird.

In Norwegen hatte ich einmal einen schönen, athletisch gebauten, jungen Mann in der Therapie. Er hatte sich einige Jahre zuvor einer kleinen, unbedeutenden Operation an seinem Glied unterzogen, das er nun nicht mehr so schön fand. Seine Gedanken kreisten nur noch um dieses Problem. Es war das einzige, auf das er noch achtete. Es ging soweit, daß er der Ansicht war, in jeder Gesellschaft würden immerzu Bemerkungen über seinen, wie er es ausdrückte, häßlichen Penis gemacht. Er wurde depressiv und aggressiv, konnte nicht mehr arbeiten, schloß sich ein und wollte sich schließlich sogar das Leben nehmen. Ein Freund hatte ihn nach Amsterdam zu einem Tantraworkshop mitgenommen, in der Hoffnung, ihm auf diese Weise helfen zu können, aber unbewußt interpretierte er jegliches Interesse eines möglichen Partners als Abscheu, wodurch sein Problem nur noch schlimmer wurde. Es war aufregend, mit ihm zu arbeiten. Im NLP wird manchmal eine Technik angewendet, bei der man jedes Organ oder jeden Körperteil als eine Ganzheit oder eine Art Persönlichkeit ansieht. Ich habe mir die Gelegenheit nicht entgehen lassen, und es war dann auch das erste Mal in meinem Leben, daß ich ein besonders interessantes Gespräch mit einem Penis geführt habe. Wir haben mit der Zeitlinie und mit der Integration einer neuen Überzeugung gearbeitet. Das Resultat war jedoch, daß sich die ganze Sache aufgelöst hat. Der Vater des Jungen hat mir daraufhin einen rührenden Brief geschrieben, um mir zu danken, weil ich seiner Meinung nach das Leben seines Sohnes gerettet hatte. Der junge Mann war inzwischen für eine Woche mit einer jungen Dame verreist und hatte Phantastisches erlebt.

Ein anderes Drama, das die Folge einer Tunnelsicht war, betraf eine Frau, die, wenn sie zusammen mit ihrem Mann bei Verwandten oder Bekannten zu Besuch war, nach einer Weile nur noch das Glas Bier oder Whisky sah, das ihr Mann trank.

Sie hörte dann nichts mehr vom Gespräch, sondern sah nur noch sein volles Glas. Außerdem war dieses Tunnelbild in ihrem Unterbewußtsein mit einer Anzahl wenig interessanter Geschehnisse gekoppelt, von denen sie jedesmal erwartete, daß sie sich wiederholen würden. So gelang es ihr immer wieder, diese Art von Abenden sowohl sich selbst als auch anderen gründlich zu verderben. Dies führte schließlich dazu, daß das Ehepaar nicht mehr ausging und auch selbst keine Gäste mehr einlud. Der betreffende Ehemann trinkt übrigens nur gelegentlich und ist weder vom Alkohol abhängig noch in irgendeiner Weise aggressiv veranlagt. Mit ihrer negativen Erwartung von Festen verdirbt sich diese Frau von vornherein alles selbst. Sie könnte nur dann ein Fest genießen, wenn ihre Aufmerksamkeit vollkommen durch andere Dinge oder Personen in Anspruch genommen werden würde. Das kann sie erreichen, indem sie ihr Blickfeld erweitert.

Eine weitere Folge der Tunnelsicht ist, daß die Aufmerksamkeit auf bestimmte Informationen beschränkt bleibt. Um dies zu vermeiden, kann man für mehr Informationen sorgen, indem man sich einer Technik bedient, die wir schon kennengelernt haben (Seite 40): die Panoramasicht. Dabei richten Sie Ihre Aufmerksamkeit auf einen Punkt, nehmen aber dennoch ganz bewußt auf, was um Sie herum geschieht. Auf diese Weise bekommen Sie garantiert mehr und bessere Informationen über Ihre Umgebung. Darüber hinaus vermeiden Sie, daß Sie sich ganz und gar in Ihrer Umgebung oder in einer anderen Person verlieren. Ein anderer Aspekt, der mit Abgrenzung zu tun hat, ist das Beobachten von Übereinstimmungen und Unterschieden. Die Unterschiede schaffen eine Grenze, während die Übereinstimmungen die Grenzenlosigkeit verstärken.

Das „Matchen" (Nachmachen, Spiegeln) der Körperhaltung eines anderen verstärkt die Auflösung der Grenzen, das bewußte „Mismatchen" (nicht spiegeln) der Haltung des anderen, verstärkt die eigene Grenze. Sie bauen im Grunde eine Mauer zwischen sich und dem anderen auf. Das können Sie auch ganz konkret tun, indem Sie sich vorstellen, daß zwischen Ihnen und Ihrem Gesprächspartner eine dicke, transparente Mauer steht. Es kann auch hilfreich sein, eine Mauer aufzubauen, während man sich selbst zuhört oder anschaut; damit distanziert man sich von sich selbst und von überwältigenden Gefühlen. Sie schauen oder hören sich selbst dann sozusagen aus einem Abstand heraus zu.

Die folgende Übung gibt Ihnen Gelegenheit zu erforschen, welche Haltung Sie Ihrer Umgebung gegenüber einnehmen, indem sie Ihnen drei Modelle vorstellt: erst das eine Extrem, dann das andere und zuletzt die Mitte.

Übung

Richten Sie Ihre Aufmerksamkeit in dieser Übung grenzenlos und total auf Ihren Partner. Achten Sie nur auf die Übereinstimmungen zwischen Ihnen beiden; kopieren (matchen) Sie seine Haltung und vor allem seinen Atemrhythmus, und beschränken Sie Ihr Blickfeld auf ein Auge Ihres Partners. Horchen Sie nur auf ihn und schließen Sie alle anderen Geräusche aus. Dies ist das eine Extrem.

Errichten Sie nun eine dicke gläserne Wand zwischen sich und Ihrem Gesprächspartner. Sie schauen jetzt nur auf sich selbst, horchen auf sich selbst, Ihre Aufmerksamkeit ist auf Sie selbst gerichtet, Sie behalten den Kontakt zu Ihrem Körper, Sie schauen panoramisch und achten nur auf die Unterschiede, die es zwischen Ihnen beiden gibt. Nehmen Sie auf keinen Fall Blickkontakt auf. Dies ist das andere Extrem.

Matchen Sie nun wieder die Haltung Ihres Partners. Behalten Sie jedoch in bezug auf Ihren Partner die Panoramasicht bei. Suchen Sie den Blickkontakt und beachten Sie sowohl die Übereinstimmungen als auch die Unterschiede. Bleiben Sie in Kontakt mit Ihrem Körper, während Ihre Aufmerksamkeit beim anderen ist. Dies ist der ideale Mittelweg. Sie nehmen Kontakt auf, ohne sich selbst einzuschließen oder auszuliefern.

Es gibt auch die Möglichkeit, mit Erinnerungen an die Vergangenheit zu arbeiten, die unsere Selbstachtung nicht gerade unterstützt haben. Wählen Sie ein Erlebnis aus Ihrer Vergangenheit, bei dem Ihre Selbstachtung einen ordentlichen Knacks bekommen hat. Nehmen Sie eine Situation, bei der Sie so richtig aufgelaufen sind.

Teil 1
Machen Sie ein gedankliches Foto von sich während dieses Erlebnisses.
Errichten Sie eine gläserne Wand zwischen sich und dem Foto.
Machen sie das Foto schwarzweiß.
Legen Sie einen kleinen Rahmen um das Bild.
Sehen Sie nur die Unterschiede zwischen sich, wie Sie damals waren und wie Sie jetzt sind. Betrachten Sie sich selbst, bewerten Sie sich, wie Sie damals waren, und fragen Sie sich, woher die Kriterien, Werte und Normen stammen, nach denen Sie sich selbst auf diesem Foto beurteilen.

Teil 2
Betrachten Sie sich weiterhin auf dem Foto, mit der Mauer zwischen sich und dem Bild.
Sehen Sie das Bild panoramisch.
Machen Sie es farbig.
Machen Sie es dreidimensional.
Reißen Sie die gläserne Mauer nieder.
Betrachten Sie sich nun wieder und bewerten Sie sich noch einmal. Fragen Sie sich dabei, nach welchen Normen Sie sich selbst beurteilen und woher diese Normen stammen.

Teil 3
Stellen Sie sich nun mitten in das Foto.
Schauen Sie panoramisch aus Ihren eigenen Augen.
Bleiben Sie in Kontakt mit Ihrem Körper.
Wie sehen Sie sich selbst jetzt? Welche Normen gebrauchen Sie diesmal, um sich selbst zu beurteilen? Überlegen Sie, ob es Ihre eigenen Werte oder die von jemand anderem sind.

Wenn Sie nicht viel Respekt vor sich selbst haben, könnte es schon möglich sein, daß Sie sich noch immer kein wirklich eigenes Urteil gebildet haben. Der Grund dafür ist deutlich: Wenn Sie keinen Respekt vor sich selbst haben, werden Sie auch nicht so schnell Vertrauen in Ihr eigenes Urteil haben und recht schnell bereit sein, das Urteil eines anderen wichtiger zu finden als Ihr eigenes.

Dieses Buch kann Ihnen helfen, mehr Wert auf Ihren eigenen Standpunkt zu legen, da Sie vielleicht erst jetzt sehen (v), daß der Standpunkt eines anderen genauso falsch sein kann wie der Ihrige. Sie können also getrost einen Standpunkt einnehmen, der für Sie am besten ist, ohne daß sich die Wahrheit über Sie dabei verändert. Daher sollten Sie einmal über die Frage nachdenken, von wessen Standpunkt aus Sie sich selbst betrachten und aus wessen Augen Sie sich sehen – so wie Sie es eben in der Übung gemacht haben. Fragen Sie sich: „Hilft mir das weiter? Unterstützt dies meine Selbstachtung und habe ich etwas davon?" Vergessen Sie bitte nicht, daß Sie Ihre eigene Welt aus der Vorstellung heraus kreiren, die Sie über sich selbst haben. Es ist also von größter Bedeutung, daß die Vorstellung, die Sie von sich selbst haben, so nützlich wie möglich ausfällt.

Eine schöne Übung, um sich selbst Klarheit zu verschaffen, ist die folgende. Sie heißt *Fair Witness*, der vorurteilsfreie Zeuge. Dieser Zeuge ist ein Wesen von großer Weisheit auf einer fortgeschrittenen Entwicklungsstufe. Er ist von Ihrem Schicksal betroffen, wünscht aber in keiner Weise, einzugreifen oder etwas zu verändern. Er gibt Ihnen genug Raum, damit Sie Sie selbst sein können. Er wertet Sie nicht ab und wertet Sie nicht auf; er beobachtet Sie nur, von großer Liebe erfüllt.

Das Verwunderliche ist, daß jeder von uns diesen *Fair Witness* in sich trägt, daß wir ihn (oder sie) aber viel zu selten zu Wort kommen lassen. Wir werden diesen Zeugen in uns nun kennenlernen und ihn oder sie sichtbar machen.

Übung

Seien Sie ganz still, gehen Sie in sich selbst hinein, und fragen Sie sich, in welcher Verkleidung dieser vorurteilsfreie Zeuge, dieses Wesen, das keine menschliche Gestalt hat, sich in Ihnen versteckt haben könnte. Stellen Sie sich diesen Zeugen als ein symbolisches Wesen vor, lassen Sie ihn aus sich heraustreten und sich in zwei Meter Entfernung hinstellen. Schauen Sie ihn genau an und spüren sie die Sicherheit, die Ruhe und die Weisheit, die von ihm ausgehen, und bedenken Sie, daß er ein Teil von Ihnen ist.

Erinnern Sie sich jetzt an eine Situation in Ihrem Leben, die für Ihre Selbstachtung nicht besonders förderlich war, oder wählen Sie eine Situation, in der Sie sich jetzt noch schuldig fühlen. Plazieren Sie diese Situation schräg links neben sich, und schweben Sie nun aus Ihrem Körper, um in das Symbol des vorurteilsfreien Zeugen hineinzuschlüpfen. Blicken Sie aus seiner (oder ihrer) Position heraus auf diese Situation, hören Sie hin und fühlen Sie, was der Zeuge fühlt – ohne Interpretation, ohne Urteil, mit persönlichem Engagement und universeller Liebe.

Wenn Sie genügend Informationen gesammelt haben, lassen Sie die Situation verschwinden, verlassen die Position des Zeugen (sowohl innerlich als auch äußerlich) und kehren zu sich selbst zurück. Danken Sie dem vorurteilsfreien Zeugen, dem Teil Ihrer selbst, den Sie für diese Übung abgetrennt haben und der der Lebensquelle am nächsten ist, und integrieren Sie ihn wieder.

Lassen Sie die unangenehme Situation noch einmal Revue passieren und achten Sie darauf, ob sie sich jetzt anders anfühlt, nachdem Sie die Übung gemacht haben.

Vielleicht fällt es Ihnen jetzt leichter, zu erkennen, von wem das Urteil stammte, das Sie zuvor hatten (von Ihrem Vater, Ihrer Mutter, Ihren Lehrern, Ihrem Partner oder Ex-Partner?), und Sie realisieren, daß diese Urteile und Interpretationen eher eine Projektion der Standpunkte und Probleme dieser Personen waren, als daß sie Sie betrafen.

Seien Sie sich auch darüber im klaren, daß Sie jederzeit an den Teil Ihrer selbst appellieren können, der die Eigenschaften des vorurteilsfreien Zeugen in sich trägt. Immer wenn Sie vor einer schwierigen Entscheidung stehen, sprechen Sie diesen Zeugen an und lassen Sie ihn auf die Situation schauen, über die Sie Klarheit haben möchten. Machen Sie dann wieder dasselbe wie in der Übung, und erinnern Sie sich an das, was Milton Erickson sagte: „Jeder trägt die Lösung für seine Problemen in sich."

Wenn Sie das oft genug praktiziert haben, reicht es irgendwann aus, daß Sie sich entspannen und den Zeugen in sich selbst fragen, was er sieht und hört und was er davon hält. Auf diese Weise bekommen Sie mehr Informationen – sowohl über die Sache, um die es geht, als auch über sich selbst. Und Sie wissen: Je mehr Informationen Sie haben, desto größer ist Ihr Rahmen, und je größer der Rahmen ist, desto näher sind Sie der universellen Wirklichkeit, und dann sind Sie nicht mehr weit von der Wahrheit entfernt. Diese neue Sichtweise kann sehr nützlich sein, wenn Sie in bezug auf Ihre Selbstachtung eine Neurahmung vornehmen wollen.

Sich selbst zu respektieren, heißt zu wissen, daß die eigene Wirklichkeit genauso weit von der Wahrheit entfernt, beziehungsweise ihr genauso nah ist wie die eines anderen. Selbstachtung heißt daher, auf eine solche Weise um sich zu blicken, daß es der eigenen inneren Heilquelle förderlich ist.

Wenn Sie beispielsweise allein wohnen, betrachten Sie nur die enormen Vorteile, die damit verbunden sind. Sie können kommen und gehen, wann immer Sie wollen. Sie können selbst entscheiden, welches Fernsehprogramm Sie sich ansehen möchten, essen zu den Zeiten, die Ihnen passen, und Sie brauchen nie auf jemanden zu warten oder Rücksicht auf einen Mitbewohner zu nehmen. Sie können meditieren, wann Sie wollen, und Sie können in Ihrem eigenen Tempo an Ihrer Entwicklung arbeiten, ohne daß Ihnen jemand Steine in den Weg legt oder sich darüber aufregt. Sie treffen sich, mit wem Sie wollen, und besuchen Kurse, wann immer Sie Lust dazu haben, ohne jede Diskussion.

Wenn Sie verheiratet sind oder mit einem Partner zusammenleben, so betrachten Sie nur die enormen Vorteile, die es hat, zu zweit zu sein. Sie können Ihre Erlebnisse miteinander teilen, lernen ständig etwas dazu, Sie können sich gegenseitig unterstützen, Sie liegen gemütlich zusammen im Bett und haben immer jemanden zum Schmusen in der Nähe. Sie können zusammen meditieren oder allein, und Sie können auch von dem profitieren, was der andere auf dem einen oder anderen Gebiet lernt.

Ich kenne eine Frau, die, als sie alleine wohnte, ständig damit beschäftigt war, die Vorteile des Zusammenwohnens aufzuzählen. Als sie später mit einem Partner zusammenlebte, beschäftigte sie sich andauernd mit den Vorteilen des Alleinseins. Das nenne ich einen Mangel an Selbstachtung.

Ein anderer Mangel an Selbstachtung besteht darin, nicht zu glauben, daß man sich ändern kann. Selbstachtung bedeutet zu wissen, daß man die Verantwortung für sich selbst trägt und sehr wohl etwas dagegen unternehmen kann, daß man krank ist oder sich schlecht fühlt. Wenn ich in der Therapie einen neuen Rahmen setze, beinhaltet das, daß ich eine eingeschränkte Sicht oder einen störenden Impuls, der aus dem Unterbewußten meines Klienten kommt, in ein neues Licht rücke. Wenn Sie Ihre Krankheit in einen neuen Rahmen setzen und in ein positives Licht rücken, können Sie sich der positiven Intention bewußt werden, die hinter jeder Krankheit steckt.

Neurahmung in sechs Schritten

Verhaltensweisen und Dingen, die man als unerwünscht erachtet, einen neuen Rahmen zu geben, kann neues Leben und Wachstum bedeuten. Für eine Anzahl von Menschen, die in meiner Therapie waren, hat sich dieses Ergebnis bereits eingestellt, beispielsweise für einige, die für unheilbar krank erklärt wurden, für manche Menschen mit lebensbedrohenden Phobien, für jemanden mit Bulimie, für ein Kind mit chronischer Ohrenentzündung und für einige Klienten mit sexuellen Blokkaden, die ihren Wunsch nach einer Beziehung und nach Familie nicht verwirklichen konnten.

Die hawaiianischen Kahunas haben das Prinzip der Neurahmung schon vor Tausenden von Jahren begriffen, ebenso wie die Druiden, die Priester, die Magier und die Medizinmänner. Auch das Evangelium ist mit Überzeugungen gefüllt, die von anderen in einen neuen Rahmen gesetzt oder verändert wurden. Christus hielt mit der Wahrheit nicht hinter dem Berg. Er sagte einfach nur: „Dein Glaube hat dich geheilt.“ Es ist eindeutig, daß er dabei von der neuen Überzeugung sprach, die er dank seines Eingreifens erweckt hatte. Er sprach zu dem Gelähmten: „Stehe auf und wandle“ und der Gelähmten stand auf und ging umher. Der alte Glaube dieses Menschen, er sei gelähmt, hatte sich bis dahin deutlich in der Materie manifestiert. Christus aber, der einen großen Ruf als Heiler und Prophet genoß, befahl dem Lahmen aufzustehen, indem er davon ausging, daß es möglich war. Die Kraft und die Überzeugung, mit der Christus dies zu ihm sagte, hatte zur Folge, daß die Überzeugung, das Selbstbild des Menschen, der gelähmt war, transformiert wurde. Also stand er auf und manifestierte seinen neuen Glauben, indem er ging. Christus gratulierte ihm anschließend, indem er sagte: „Dein Glaube hat dich geheilt.“

Die Überzeugung Christi, daß es möglich sei, war der Motor für alles. Er manifestierte seine Überzeugung (oder nennen Sie es seinen Glauben), indem er die Hände zum Himmel emporhob und dem Vater dankte. Warum er die Hände in den Himmel hob, ist nicht klar, denn später sagte er feierlich zu seinen Aposteln: „Alles was ich getan, habe ich durch den Vater getan, der in mir ist." Und er fügte hinzu: „Derselbe Vater ist auch in euch anwesend, und ihr werdet die gleichen Dinge tun können wie ich – und noch viel mehr." Wahrscheinlich hat er die zum Himmel weisende Geste gemacht, weil die Umstehenden es sonst nicht begriffen hätten. Auf jeden Fall hat er durch diese Art der Präsentation genau das bewirkt, was er wollte, und das ist ja wohl das Ziel jeder Kommunikation, nicht wahr? Der Wert der Kommunikation wird durch das Resultat bestimmt, den Sie damit erzielen.

Auf die Überzeugungen an sich werde ich später noch genauer eingehen. Zunächst jedoch möchte ich die Neurahmung behandeln, da sie mit großer Sicherheit dazu führt, daß sich einige Überzeugungen ganz unbemerkt verändern. Anders kann ich es mir nicht erklären, wie sich nach einfachen Neurahmungen solch spektakuläre Spontanheilungen einstellen können.

So habe ich einmal ein dreizehnjähriges Mädchen getroffen, das seit seinem elften Lebensjahr Bettnässerin war. In einem Gespräch erzählte sie mir, daß ihr dies zum ersten Mal passiert sei, als sie über ein Wochenende zu ihrer Großmutter geschickt worden war. Ihre Oma schlug sie. Um Streitigkeiten zu vermeiden, traute das Mädchen sich damals nicht, den Eltern davon zu erzählen. Notgedrungen erfand ihr Unterbewußtsein als Lösung das Bettnässen, damit sie nicht mehr zu ihrer Großmutter geschickt wurde. Das Bettnässen beschränkte sich allerdings nicht auf die Wochenenden, sondern wurde zu einer täglichen Gewohnheit. Sobald ich das Hintergrundmotiv dafür entdeckt hatte, bat ich den Teil ihres Unterbewußtseins, der für dieses Muster verantwortlich war, damit aufzuhören. Ich versicherte diesem Teil der Persönlichkeit, daß Maßnahmen getroffen werden würden und das Bettnässen nicht mehr notwendig sei. Das Ergebnis dieser einfachen Neurahmung war verblüffend, denn das Bettnässen hörte sofort auf.

Neben dieser „gewöhnlichen" Neurahmung haben Richard Bandler und John Grinder eine ausgedehnte Version entwickelt und beschrieben, die sogenannte „Neurahmung in sechs Schritten". Was beinhaltet diese? Im NLP gehen wir davon aus, daß das Unterbewußtsein aus verschiedenen Teilen oder Subpersönlichkeiten besteht, was etwa mit den Mitgliedern einer großen Familie zu vergleichen wäre. Jedes Mitglied hat seine ganz besondere Individualität und dient einem bestimmten Zweck. Alle zusammen arbeiten sie für die bewußte Persönlichkeit, aber wie ich vorhin schon sagte, heißt das nicht, daß ihre Lösungen immer noch passend oder funktionell sind (auch wenn sie das einst sehr wohl waren). Nehmen wir nun an, daß Sie ein bestimmtes Verhaltensmuster verändern wollen, wie gehen Sie dabei vor?

Als Therapeut mache ich in diesem Falle zunächst einmal einen sogenannten „Ecology-Check" (eine Umfeldkontrolle). Das heißt, ich versuche zunächst herauszufinden, was im Privatleben meines Klienten passieren würde, wenn er das Verhalten, welches er verändern möchte, aufgeben würde. Wäre das zu verantworten oder würde es sich eher zerstörerisch auswirken, weil sich beispielsweise der Partner oder ein Familienmitglied mit dieser Veränderung sehr schwertun würde? Nachdem ich mich vergewissert habe, daß keine Gefahr droht, folgt die eigentliche Neurahmung.

Neurahmung in sechs Schritten:

1 Wir benennen das Verhaltensmuster, das geändert werden soll.

2 Wir nehmen Kontakt zu jenem Teil auf, der für das Muster verantwortlich ist, und bitten ihn, uns für den Fall, daß er

mitwirken möchte, ein Signal (beispielsweise in Form von Wärme, einem Stechen, einem Bild oder einer Stimme) zu geben.

3 Wir fragen, welches Ziel (oder welche positive Intention) der Persönlichkeitsteil anvisiert, der für dieses Muster verantwortlich ist.
4 Wir lassen ein anderes Mitglied der unbewußten Familie, nämlich den kreativen Teil, drei andere Möglichkeiten erfinden, mit denen dasselbe Ziel ohne die Nachteile der jetzigen Verhaltensweise erreicht werden kann.
5 Wir kontrollieren, ob es andere unbewußte Teile gibt, die Einwände gegen die möglichen Verhaltensänderungen haben könnten. Wenn das der Fall ist, beginnen wir wieder mit dem zweiten Schritt.
6 Wir fragen, ob die Veränderung des Verhaltensmusters unmittelbar angenommen werden kann. Folgt daraufhin ein „Ja", dann ist die Neurahmung erfolgreich abgeschlossen.

Anhand eines Beispiels aus meiner Praxis möchte ich aufzeigen, wie so eine „Neurahmung in sechs Schritten" vor sich geht. Es geht dabei um eine Frau, die im Süden von Norwegen lebte. Sie hatte einen Termin mit mir verabredet, als ich in Tonsberg war, um einen Workshop abzuhalten. Diese Frau war, ebenso wie ihre Schwester (die ich auch behandelt habe), Opfer eines Inzestes geworden. Sie litt an nervöser Bulimie, einer überwältigenden und krankhaften Freßsucht. Menschen, die an dieser Krankheit leiden, essen übermäßig viel, erbrechen sich anschließend, um sich dann erneut vollzufressen. Ob die Bulimie die Folge der früheren Inzesterfahrung war, weiß ich nicht. Dies ist ein Rätsel, mit dem sich ein Psychiater jahrelang beschäftigen könnte; mich interessiert jedoch nicht, wie das Problem entstanden ist. Ich beschäftige mich vielmehr mit der praktischen Frage, wie man es ändern kann. Ich erklärte Ida (dies war ihr Name) die Wirkungsweise des Unterbewußtseins und erklärte ihr, ich ginge davon aus, daß der unbewußte Teil von ihr, der für diese Freßsucht verantwortlich war, ein positives Ziel damit verfolgte, wir ihn aber bitten würden, sich eine andere Lösung zu überlegen, da die Bulimie so unpraktisch und lästig sei. Daraufhin hieß ich sie, sich zu entspannen, und sorgte dafür, daß sie es bequem hatte. Dann begann ich mit der Neurahmung.

Ich: „Ida, bitte sprechen Sie in Ihrer Sprache – dem Norwegischen – laut nach, was ich Ihnen (auf Englisch) vorsage. Wenn Sie nicht mit Ihrem Gefühl dahinterstehen können, wenn Sie es also nicht wirklich meinen, so sagen Sie gar nichts, denn Ihr Unterbewußtsein wird Ihren Gefühlen mehr trauen als Ihren Worten, und es würde sich betrogen fühlen. Haben Sie mich gut verstanden oder gibt es noch Fragen?"

Ida: „Nein."

Ich: „Dann werden wir jetzt um ein Gespräch mit Idalein Bulimie in Ihrem Unterbewußtsein bitten, einem der Mitglieder der großen Familie, die dort in Ihrem Unterbewußtsein wohnt (ich zeige auf ihren Bauch) und von der es alle gut mit Ihnen meinen. Sind Sie bereit?"

Ida: „Ja."

Ich: „Hallo, Familie Ida... Ich würde gern einmal Kontakt mit euch aufnehmen... Zunächst einmal tut es mir leid, daß ich erst jetzt bemerke, daß es euch überhaupt gibt... und daß ich erst jetzt weiß, was ihr alle schon für mich getan habt... Ich will mich dafür nun bei euch bedanken... Heute würde ich gern vor allem mit Idalein Bulimie sprechen... Hallo, Idalein Bulimie... Schön, daß du da bist... Ich danke dir für alle Mühen, die du bisher meinetwegen auf dich genommen hast... du machst es ausgezeichnet... und sehr effektiv... Es gibt da aber ein Problem... Die Art und Weise, wie du mir helfen willst, führt auch zu großen Belastungen für mich... Wärest du bereit, etwas anderes zu machen... was ebenso effektiv ist, um die Unterstützung, die du mir anbieten möchtest, zu gewährleisten... womit ich aber keinen Ärger habe? Wenn du dazu bereit bist... kannst du mir dann jetzt ein kleines Zeichen geben... das ich fühlen kann? ... Ich wäre dir dafür wirklich sehr dankbar..."

Ich: „Ida, was fühlen, hören oder sehen Sie?"

Ida: „Nichts besonderes."

Ich: „Idalein Bulimie, es tut mit leid, daß ich dein Signal nicht empfangen habe... Es ist auch noch neu für mich... Kannst du es noch einmal machen... etwas deutlicher?... Ich danke dir."

Ida: „Ich spüre Wärme im Bauch." (Sie zeigt auf die Stelle.)

Ich: „Idalein Bulimie, herzlichen Dank für deine Mitarbeit... Wäre es dir möglich, dieses Signal zu verstärken, wenn du 'Ja' meinst?"

Ida: „Es wird wärmer und bewegt sich nach links."

Ich: „Danke Idalein, es geht sehr gut... Gib uns jetzt ein Zeichen, daß du benutzen wirst, um 'Nein' zu signalisieren."

Ida: „Es wird schwächer und bewegt sich nach links." (Sie zeigt auf die Stelle.)

Ich: „Sehr gut... Danke, daß du so schnell mitarbeitest... Könntest du uns mitteilen, was deine positive Intention ist?"

Ida: „Ich spüre nichts."

Ich: „O.K. – wir wissen, daß du es gut meinst... und daß du gern an Idas Glück mitwirken willst... und das ist die Hauptsache... Da du selbst nicht weißt, wodurch du die Bulimie ersetzen könntest, werden wir eine deiner Schwestern fragen, Idalein Kreativ... Die wird sich schon etwas ausdenken... und sie kann direkt auf dich zukommen, um dir die neue Lösung und die neue Methode vorzustellen... Hab Vertrauen; wenn nichts dabei ist, was dir gefällt, werden wir so lange weitersuchen, bis wir etwas finden, das dir lieber ist als die Bulimie... und das für die Realisierung deiner positiven Intention sicherlich genauso effektiv ist... Bis später, und ich danke dir schon einmal für deine Mühe."

Ich: „Hallo, Idalein Kreativ... Wie geht es dir? Eigentlich bräuchten wir das gar nicht zu fragen, stimmts? Du bist ja immer recht gut drauf... Ich möchte dir danken für alle einfallsreichen Dinge, die du schon für mich getan hast... Heute komme ich mit einer besonderen Bitte zu dir... du weißt, daß deine Schwester Bulimie sich sehr anstrengt... Sie meint es ja sehr gut, aber die Methode, die sie benutzt, bereitet mir gewisse Probleme... Könntest du dir nicht etwas Nettes ausdenken, was man stattdessen machen könnte... etwas, das genauso effektiv ist... und auch unmittelbar anwendbar... womit die gleiche positive Intention erreicht wird... ohne daß dazu die Freßsucht notwendig ist?... Ich schlage vor, daß du dir drei neue Methoden ausdenkst, damit sie auswählen oder kombinieren kann... Wäre es dir recht, ihr die neue Methode selbst vorzustellen?... Ich weiß, daß du darin sehr gut und schnell bist... und ich nehme an, daß du das innerhalb von zwei Minuten schaffen wirst... In zwei Minuten nehmen wir dann wieder Kontakt zu deiner Schwester auf... und dann werden wir schon merken, ob es für sie O.K. ist. Danke für deine sehr geschätzte Mithilfe..."

Ich: „Ida, während wir die zwei Minuten warten, wollen wir etwas tiefer atmen, um deinem Unterbewußtsein und deinem Gehirn zusätzliche Energie zu schicken, damit die Umprogrammierung im Gehirn leichter vor sich gehen kann."

(Zwei Minuten später)

Ich: „Also gut, Ida, wir werden jetzt erneut Kontakt zu Idalein Bulimie aufnehmen. Hallo Idalein Bulimie... hier sind wir wieder... Hast du deine Wahl treffen können?... Wenn ja, könntest du mir dann jetzt das 'Ja'-Zeichen von vorhin geben?... Ida, was spüren Sie?"

Ida (lacht erstaunt): „Viel Wärme in meinem Bauch."

Ich: „Wunderbar, danke Idalein Bulimie... Ich bin so froh, daß du bereit bist, etwas zu verändern..."

Ich: „Ida, wie und wann werden Sie erfahren, ob es vorbei ist?"

Ida (lacht und sagt): „Heute abend, denn ich habe heute Geburtstag und gebe ein großes Fest; wenn ich es also heute abend nicht tue, weiß ich, daß ich davon frei bin."

Am nächsten Tag rief Ida an, um zu sagen, daß sie nicht mehr die geringste Neigung verspürt habe, sich vollzufressen. Als ich zwei Jahre später wieder in Norwegen war, erzählte sie mir, daß die Bulimie nicht mehr zurückgekommen sei und alles bestens lief.

Dieses Jahr hatten wir übrigens einen ähnlichen Fall mit demselben guten Ergebnis.

Eine noch dramatischere und tiefgreifendere Heilung durfte ich vor kurzem miterleben, ebenfalls in Norwegen. Ein Manager eines großen Konzerns nahm regelmäßig an meinen eher spirituellen Workshops teil, die nur am Rande mit NLP zu tun haben. Er erzählte mir von seinem krebskranken Freund, der ebenfalls Manager in diesem Konzern war und im Sterben lag. Anschließend fragte er mich, ob ich diesen Mann nicht besuchen könnte, um ihm Sterbehilfe zu geben, denn nach Aussage des Arztes hatte er nur noch zwei Monate zu leben. Der Krebs hatte bereits Metastasen in die Wirbelsäule ausgestreut, und der Mann war schon seit längerem bettlägerig. Die Ärzte hatten sämtliche der üblichen Behandlungen angewendet und ihm mitgeteilt, daß der Krebs nicht mehr zu heilen sei. Sie hatten ihm empfohlen, seine familiären Angelegenheiten zu regeln, damit er in Frieden sterben konnte.

Da ich einen freien Nachmittag hatte, rief ich ihn an und nahm ein Taxi bis zu seinem Haus. Er wohnte in einer sehr luxuriösen Villa, mit einem Mercedes- und einem BMW-Cabrio vor der Haustür. Ich wurde an sein Bett geführt, und wir fingen an, uns ein bißchen zu unterhalten. Ich fragte ihn höflich, wann er denn den Krebs bekommen habe. Es stellte sich heraus, daß dies vor zwei Jahren gewesen war. Neugierig fragte ich weiter, ob er kurz davor in einer emotional schwierigen Situation gesteckt habe, in der er vielleicht sogar zu sich selbst gesagt hatte: „Ich wollte, ich wäre tot." Daraufhin schaute mich der Mann erstaunt an und fragte, ob ich ein *medium* sei (das Gespräch fand übrigens auf englisch statt). Ich erinnere mich daran, daß ich antwortete, dies sei leider absolut nicht der Fall, zumal ich bereits das Stadium *extra large* erreicht hätte. Er fragte: „Aber woher wissen Sie das denn?" Ich erwiderte, daß ich überhaupt nichts wüßte, denn wenn ich es gewußt hätte, hätte ich ja nicht zu fragen brauchen. Allerdings, so fügte ich hinzu, sei das für mich eine logische Folgerung.

Dann erzählte mir der Mann seine Geschichte: Einige Zeit bevor sich der Krebs manifestiert hatte, war er in eine amouröse Affäre mit einer neuen Sekretärin verwickelt worden. Er hatte sich Hals über Kopf verliebt und wurde von dem Konflikt zwischen der Leidenschaft für dieses Mädchen auf der einen Seite und seiner Verantwortung sowie seinem Wunsch nach Treue gegenüber seiner Frau, seinen Kindern und seiner Arbeit auf der anderen Seite zerrieben. Als seine Frau davon erfuhr, wurde alles noch viel schlimmer. Schließlich spitzte sich das Ganze so sehr zu, daß er in einem dramatischen Moment zu sich sagte: „Ich wollte, ich wäre tot, dann wäre ich von all dem erlöst."

Nachdem ich das gehört hatte, war ich mir sicher, daß dem Mann geholfen werden konnte. und ich sagte zu ihm: „Tom ich habe eine gute Nachricht für Sie, Sie sind nämlich ein großer Magier. Sie haben einen mächtigen Verbündeten, der Ihnen auf Ihr Geheiß hin zur Seite steht. Sie haben darum gebeten, tot zu sein, und Ihr Unterbewußtsein hat sogleich begonnen, Ihren Wunsch zu erfüllen. Es dürfte keine sehr leichte Aufgabe gewesen sein, einen gut funktionierenden Körper so schnell an den Rand des Grabes zu befördern; all die Milliarden von Zellen, die aus dem Gleichgewicht gebracht werden mußten, um zu diesem Resultat zu kommen! Aber wenn Ihr Verbündeter dies für Sie tun wollte und es vermochte, so kann er die ganze Sache durchaus auch wieder in Ordnung bringen. Es genügt, auf eine deutliche Art und Weise ein neues Gesuch einzureichen, und ich sehe keinen Grund, warum das neue Gesuch verweigert werden sollte, wenn Sie es sehr freundlich, höflich und vor allem mit viel Respekt und Liebe einreichen. Es ist offensichtlich, daß Ihr Verbündeter Sie glücklich machen möchte, sonst hätte er Ihren ersten Wunsch nicht erfüllt. Daher wird er bestimmt auch auf eine neue Bitte günstig reagieren."

Aufgrund der Tatsache, daß dies meiner Ansicht nach sehr einfach und klar war, begann auch Tom die darin enthaltene Logik einzusehen. Er wollte sofort anfangen (was bereits das erste Anzeichen einer Neurahmung ist). Ich benutzte das gleiche Verfahren wie bei Ida, sorgte also für Harmonisierung und Beruhigung, machte ihn dann mit der ganzen „Tommy-Familie" bekannt, führte insbesondere ein Gespräch mit „Tommy Krebs", um ihm für die wunderbare Arbeit zu danken, die er vollbracht hatte, und ihm zu dem hervorragenden Ergebnis zu gratulieren, daß das Endziel, nach dem Tom verlangt hatte – nämlich der Tod – so kurz bevorstand. Gleichzeitig dankten wir ihm für die Tatsache, daß er durch seine Anstrengungen das ganze Problem mit der Liebesaffäre gelöst hatte. Darüber hinaus hatte er dafür gesorgt, daß Toms Verhältnis zu seiner Frau wieder viel besser geworden war. Nachdem wir noch einmal unseren Respekt vor der gewaltigen Leistung von „Tommy Krebs" zum Ausdruck gebracht hatten, teilten wir ihm mit, es sei nun ein neues Problem entstanden, bei dem wir seine Hilfe benötigten. Wir erzählten ihm, daß sich die Situation dank seiner Mithilfe dermaßen verändert hatte, daß sich das Leben nun mehr als je zuvor lohnte und daß es Toms größtes Verlangen sei, nun wieder gesund zu sein, um die neue Situation, die infolge dieser hervorragenden Leistung entstanden war, genießen zu können. Wir fragten „Tommy Krebs", ob es ihm möglich wäre, die Verbreitung des Krebses zu stoppen und gleichzeitig für die vollständige Heilung zu sorgen. Daraufhin baten wir ihn, ein Zeichen zu geben, falls er bereit war, an diesem neuen und aufregenden Auftrag mitzuarbeiten.

Nun folgte der spannendste Augenblick der ganzen Prozedur – das Warten auf ein Signal, das in diesem Fall über Leben und Tod entscheiden konnte. Ich schaute gespannt und aufmerksam zu, um auch das kleinste Zeichen aus seinem Unterbewußtsein auffangen zu können, denn manchmal passiert es, daß der Patient es selbst gar nicht mal bemerkt. Ich war höchst erstaunt, als ich sah, wie Toms Gesicht völlig rot wurde und er verwundert die Stirn runzelte. Ich fragte ihn, was los sei, und er erzählte mir, daß eine Woge der Wärme, ja beinahe Hitze durch seine Wirbelsäule strömte und er das Gefühl habe, daß sein ganzer Körper von Kopf bis Fuß glitzere. Eine dermaßen starke Reaktion hatte ich noch nie zuvor erlebt, und ich teilte Tom mit, daß jener Teil, den wir als „Tommy Krebs" bezeichnet hatten, nicht nur einverstanden war, sondern bereits begonnen hatte, den Heilungsprozeß einzuleiten. Nachdem wir uns äußerst überschwenglich und ausführlich bei „Tommy Krebs" bedankt hatten, nahmen wir Abschied von ihm. Der „spontane" Heilungsprozeß war in Gang gesetzt worden.

Damals wußte ich nicht annähernd, wie zutreffend dies war, aber einige Monate später war ich beim *International Forum for Functional Medicine* zu Gast, wo Experten aufzeigten, daß das Verhalten einer Krebszelle sehr viel Ähnlichkeit mit dem Verhalten eines Bakteriums aufweist. Unter anderem trifft dies auch auf die Tatsache zu, daß eine Krebszelle ebensowenig wie ein Bakterium eine Temperatur von 39,8 Grad Celsius überleben kann. Aus diesem Grund erhöht das Unterbewußtsein auch die Körpertemperatur, wenn es eindringende Bakterien bekämpft. Wir bezeichnen dies als Fieber. Eigenartigerweise tun einige Leute alles, um das Fieber zu bekämpfen, obwohl gerade das Fieber den Heilungsprozeß so sehr unterstützt!

Da sich der Krebs bei Tom bereits bis in die Wirbelsäule hinein ausgebreitet hatte, war es wichtig, hier mit der Heilung zu beginnen. Der Kampf war jedoch noch nicht gewonnen, denn Tom hätte noch von seinen Mitmenschen davon überzeugt werden können, daß unsere ganze Arbeit Unsinn gewesen sei und auf Illusion beruhe. Hätte Tom dann zu zweifeln begonnen, hätte er das alte Programm erneut in Gang gesetzt, und die Folge wäre der Tod gewesen. Darum habe ich Tom ausdrücklich gebeten, auch nicht das Geringste von dem, was wir getan hatten, weiterzuerzählen, sondern an der Erfahrung festzuhalten. Ich habe ihn vor den Ärzten gewarnt, die in solchen Fällen eine große Gefahr darstellen, vor allem, wenn sie keine Ahnung davon haben, daß spontane Heilungen eingeleitet werden können. Sie hätten ihn davon überzeugen können, daß es sich nur um ein letztes Aufflackern gehandelt hat, welches eben gerade das Zeichen für den nahen Tod sei.

Glücklicherweise hat Tom sich meinen Ratschlag zu Herzen genommen; als ich nämlich ein Jahr später im März wieder in Norwegen war, hatte er schon längst wieder mit der Arbeit begonnen.

Ich könnte mir vorstellen, daß ein schulmedizinisch ausgebildeter Arzt, der diesen Bericht liest, behaupten wird, es sei dann sicher kein Krebs gewesen. Dies ist eine bekannte Reaktion, die häufig als Selbstschutz erfolgt. Da solche Fälle nicht in ein beschränktes Weltbild passen, wird die Wahrheit verdreht oder abgestritten. Ich habe schon erlebt, daß in einem solchen Fall das gesamte Beweismaterial, alle Röntgenbilder, alle Gewebe- und Blutbefunde, auf einmal vollkommen neu interpretiert worden ist. Indem solche Ärzte abstreiten, daß es Krebs gewesen ist, beschuldigen sie sich selbst der Inkompetenz bezüglich der richtigen Diagnose und, was viel schlimmer ist, eines enormen Mangels an Sorgfalt, da auf der Basis einer falschen Diagnose zerstörerische Bestrahlungsmethoden verschrieben wurden. Fast jeder Arzt kennt aus seiner Praxis Fälle von spontaner Heilung bei für unheilbar krank erklärten Patienten. Es wäre sehr lehrreich und spannend, zu untersuchen, wodurch diese

Heilungen veranlaßt wurden. Was war es, was das unterbewußte Programm der Selbstzerstörung in sein Gegenteil umschlagen ließ? Waren es vielleicht plötzliche, neue und hoffnungsvolle Aussichten oder ein dramatisches Ereignis, das dem Leben einen neuen Sinn gab, der wichtiger war als der Grund für das Sterben? Ist etwas passiert, das ein neues Licht auf die Umstände wirft, die den Menschen zu dem unbewußten Entschluß geführt haben, sterben zu wollen? Etwas, wodurch es nicht mehr nötig war, diesen Entschluß zu realisieren?

Ich kenne einen Mann namens Hugo Symons. Es gibt jedoch nur wenige Menschen, die ihn unter diesem Namen kennen, denn am Telefon meldet er sich mit „der Zauberer“. Dies tut er, um sich gegen die gesellschaftliche Norm zu schützen, daß nur derjenige sich als Heiler oder Therapeut bezeichnen darf, der eine entsprechende Ausbildung genossen hat. Würde er sich also so nennen, dann würde er sich strafbar machen, da er kein einziges Diplom besitzt. In Anbetracht der Tatsache, daß andere ihn als Zauberer ansehen, hat er diesen Titel übernommen, da es sich dabei um keine geschützte Berufsbezeichnung handelt. Man kann sich mit jeder Krebsart an diesen „Zauberer“ wenden, und er gibt einem die Garantie, daß man innerhalb von drei Monaten davon befreit und wieder gesund ist – vollkommen gereinigt. So hat er 1990 mehr als eintausend Menschen vom Krebs befreit. Bis zum Mai des nächsten Jahres hatte er dieselbe Anzahl bereits erreicht. Bis jetzt waren nur vier Menschen nicht in der Lage, ihr Leben durch seine Methode zu retten. Dieser Mann besitzt die felsenfeste Überzeugung, daß das Abwehrsystem des Menschen jegliche Krankheit überwinden kann, wenn nur ausreichend gesunde Nährstoffe wie Mineralstoffe, Vitamine und dergleichen im Körper vorhanden sind. Das einzige, wozu der Patient in der Lage sein muß, ist schlucken und aufs W.C. gehen, damit er die Nährstoffe zu sich nehmen und die Giftstoffe und anderen Ballast ausscheiden kann. Zunächst läßt er die Leute feine, grüne Kleie einnehmen. Diese

Kleie kapselt alles ein, beispielsweise auch Salmonellen, und reinigt den Körper. Dann gibt er Diätvorschriften: Es dürfen nur noch gesunde und stärkende Nahrungsmittel zugeführt werden, die reich an Vitaminen und Mineralstoffen sind. So muß Trinkmilch direkt von der Kuh kommen, und einige Lebensmittel dürfen nicht über 38 Grad erhitzt werden. Manche Menschen läßt er starken Brennesseltee trinken, vor allem wenn sie an fortgeschrittener Arthritis leiden. Der Brennesseltee dient der Reinigung des Blutes, das in einem bestimmten Krebsstadium nahezu vollkommen durch Kortison verseucht ist. Das Blut eines solchen Krebspatienten ist dann auch beinahe schwarz. Das „schlimmste" von allem ist, daß der Zauberer seine Arbeit gratis macht. Das einzige worum er bittet, ist, daß man seine Rezepte und sein Buch mit Fallgeschichten für etwa fünfzig Mark kauft. Damit ernährt er seine Familie mit sieben Kindern.

Nun werden Sie wahrscheinlich fragen: Ist das denn alles wahr? Ich habe einen Freund, der ihn einige Monate lang herumgefahren hat, denn der Zauberer besitzt kein Auto. Von hundert Krebspatienten sah mein Freund 99 wieder gesund werden! Manchmal bekommt der Zauberer auch Hilfe vom behandelnden Arzt, der beispielsweise dafür sorgt, daß der Patient schlucken kann. Hugo weiß, was er tut, und, was noch wichtiger ist, er traut sich auch, damit an die Öffentlichkeit zu gehen. Dies ist nicht ungefährlich, denn es gilt in unserem Land als Missetat, jemanden zu heilen, wenn man kein Arzt ist. Durch sein Auftreten und seine Überzeugung sowie durch seine Erfolge bestärkt, programmiert er die landläufige Vorstellung um, daß Krebs unheilbar sei. Dies verändert den Glauben des Kranken. Der Kranke beweist, daß sich seine Überzeugung verändert hat, indem er eine Handlung folgen läßt und die Ernährungsweise streng befolgt. Indem die Diät befolgt wird, wird dem Unterbewußtsein bei seiner Aufgabe geholfen, den Körper zu heilen. So ist der Erfolg gesichert.

Lassen Sie mich noch einige der interessantesten Beispiele von Neurahmungen aufführen, die ich selbst miterlebt habe.

Das erste, das ich nennen möchte, betrifft eine Frau, die einen meiner Workshops zum Thema „Selbstachtung und der Umgang mit Grenzen" besuchte. In diesen Workshops wird den Teilnehmern unter anderem vermittelt, wie sie sich selbst heilen können, indem sie zu einer besseren Zusammenarbeit mit ihrem Unterbewußtsein gelangen. Während des Workshops hatte die Frau eingesehen, daß ihre bereits seit dreißig Jahren regelmäßig auftretenden Migräneanfälle möglicherweise gar nicht so selbstverständlich waren, wie sie es sich selbst immer vorgemacht hatte. Es handelt sich hier um die bereits erwähnte Frau, deren Mutter Tausende von Malen zu ihr gesagt hatte: „Ich hoffe, daß du diese Migräne (nie) ... bekommen wirst." Zu ihrem achtzehnten Geburtstag war die langerwartete Migräne dann erstmals aufgetreten und war ihr über all die Jahre treu geblieben. Zusammen kamen wir nun dahinter (k), daß die Migräne in einer sehr streßreichen Phase ihres Lebens aufgetaucht war und daß es sich dabei durchaus auch um eine Notbremse ihres Unterbewußtseins handeln konnte, durch die eine körperliche Überlastung vermieden werden sollte. Mit diesem nützlichen Gedanken im Hinterkopf begannen wir die „Neurahmung in sechs Schritten" und baten um ein Zeichen, wodurch die Migräne ersetzt werden konnte. Dieses Zeichen sollte sie in Zukunft warnen und dafür sorgen, daß sie sich ausruhte oder die Dinge ruhiger anging. Als wir das Zeichen erhielten, schien es sich um eine Art von lokaler Spannung in der Stirn zu handeln. Um ganz sicher zu gehen, haben wir zusätzlich die Zeitlinien-Technik angewendet, wie ich sie bereits beschrieben habe.

Als ich sie drei Monate später anrief, um mich zu erkundigen, wie es ihr ging, erzählte sie mir, daß sie nun einen viel besseren Kontakt zu ihrem Körper habe, aber doch ein wenig enttäuscht sei, da sie immer noch an Migräne litt. Als ich wissen wollte, wie oft es noch vorkäme, versetzte sie mich in Erstaunen, indem sie sagte, daß sie inzwischen noch einen Anfall bekommen habe. Ich erinnerte sie daran, daß sie in diesem Zeitraum früher normalerweise etwa sieben Anfälle gehabt hatte. Sie antwortete, daß sie schon wisse, daß dies ein phantastisches Ergebnis sei, sie aber doch sehr gehofft habe, die Migräne sei für immer vorbei. Ich erklärte ihr, daß sie bei diesem einen Mal höchstwahrscheinlich das neu installierte Warnsignal negiert habe und sozusagen über die rote Ampel gefahren und unmittelbar bestraft worden sei. Sie gab zu, in dieser Zeit in der Tat sehr beschäftigt gewesen zu sein und sich keine Ruhe gegönnt zu haben.

Wir haben dann am Telefon ausgemacht, daß sie sich jetzt entspannen würde, um sich anschließend bei „Annalein Migräne" zu entschuldigen (dem Teil, der für die Migräne verantwortlich war und von dem wir mit guten Gründen annehmen durften, daß er das Signal gegeben hat). Daraufhin sollte sie diesen Teil bitten, das Zeichen zu verstärken. (Sie hätte ihn genausogut bitten können, statt der Verstärkung ein anderes Signal zu geben, das sie dann nicht mehr hätte leugnen können). Damit war auch das letzte Hindernis aus dem Weg geräumt.

Eine andere interessante „Neurahmung in sechs Schritten" betraf den kleinen Vincent. Die ganze Geschichte spielte sich in einer großen Stadt im Süden Frankreichs ab. Zur Abwechslung gaben wir damals keine Kurse, sondern beschäftigten uns mit der Zubereitung von Frühstück und Mittagessen für achtzig Leute – und das vierzehn Tage lang. Der kleine Vincent lag bereits seit einigen Tagen mit einer schmerzhaften Mittelohrentzündung auf seinem Zimmer. Zunächst dachte ich, daß die Entzündung wohl vom Chlor im überfüllten Schwimmbad kommen mußte, aber es stellte sich heraus, daß sein Problem chronisch war. Er war bereits mehrere Male operiert worden und hatte die Ohrenentzündungen, die mit großer Regelmäßigkeit wiederkamen, seit er neun Monate alt war. Ich hatte einen elektromagnetischen Sendeapparat dabei, der Schmerzen lindert und Entzündungen schnell zum Abheilen bringt; aber da die Beseitigung von Schmerzen nicht die intelligenteste Art ist, um jemandem zu helfen, führten wir ein kurzes Gespräch mit der Mutter von Vincent. Nach ein paar Fragen war uns klar geworden, daß Vincent begonnen hatte, Ohrenentzündungen zu „produzieren", als es zu Hause recht laut zuging, da die Eltern sich ständig stritten und anschrien. Die Mutter hatte sich inzwischen scheiden lassen und hatte neu geheiratet. Die Ohrenentzündungen könnten durchaus als Schutzmaßnahme vom Unterbewußtsein entwickelt worden sein, um den ganzen Streit damals nicht mehr mitanhören zu müssen.

Wir haben das dem kleinen Vincent erklärt. Danach haben wir eine „Neurahmung in sechs Schritten" mit „Vincent Ohrenentzündung" durchgeführt und ihm gesagt, daß seine Lösung nun nicht mehr nötig sei, da im Hause inzwischen ein großes Maß an Harmonie herrsche und es dort ruhig und friedlich zuging. Danach haben wir die Hilfe von „Vincent Kreativ" angefordert, den wir baten, sich etwas auszudenken, um Vincent zu beschützen, und dann haben wir „Vincent Ohrenentzündung" gebeten, ein Zeichen zu geben, ob er mit der neuen Lösung einverstanden sei. Schließlich haben wir noch abgeklärt, ob irgendwo im Unterbewußtsein Einwände gegen diese Lösung bestanden. Als sich herausstellte, daß dies nicht der Fall war, war die Neurahmung gesichert. Mein kleiner Apparat nahm ihm dann bereits innerhalb von zwanzig Minuten die Schmerzen, und als wir ihn am nächsten Tag nochmals einschalteten, genügten bereits zehn Minuten. Auch hatte Vincent inzwischen schon wieder zu spielen begonnen. Seine Mutter fragte sich, welche Schutztaktik sich „Vincent Kreativ" wohl ausgedacht haben mochte, da Vincent begonnen hatte, sich zu wehren und aufzuregen, während er früher immer nur sehr scheu und in sich gekehrt gewesen war. Vincents Mutter war über diese Veränderung höchst erfreut. Eine Kontrolluntersuchung beim Arzt ergab, daß das eine Ohr vollkommen trocken war und daß das Abflußröhrchen, welches früher implantiert worden war, abgestoßen wurde (es war das Ohr, an welches Vincent meinen kleinen Apparat gehalten hatte). Das andere Ohr heilte ebenfalls sehr schnell. Seitdem hat er nie mehr eine Ohrenentzündung gehabt. Aber das ist noch nicht alles: Wenn er jetzt hinfällt und sich wehtut, zieht er sich kurz zurück, spricht mit einem der „Vincente" – und schon ist der Schmerz verschwunden.

Neurahmungen funktionieren nicht immer. Nach einem Vortrag, den ich gehalten hatte, kamen die Eltern eines zwanzigjährigen Mädchens auf mich zu. Sie erzählten mir, daß ihre Tochter bereits seit zwei Jahren eine gute Beziehung zu ihrem Freund hatte, daß sie aber immer dann, wenn er kurz davor war, mit ihr zu schlafen, fürchterliche Schmerzen bekam. Da ich einen ähnlichen Fall zuvor schon einmal erfolgreich behandelt hatte, habe ich die beiden besucht. Das Mädchen erzählte mir, daß sie außerdem an starkem Asthma litt. Ich habe mit ihr eine Neurahmung durchgeführt, wir haben mit der Zeitlinie gearbeitet, kurz gesagt, ich habe alles getan, aber es blieb völlig ergebnislos. Ich habe darüber einmal kurz mit John Grinder gesprochen, und er vermutete, daß hinter diesem Problem ein gewichtiger sekundärer Wunsch steckte – ein bedeutsamer, verborgener Vorteil, der irgendwo im Unterbewußtsein dieser jungen Frau lebte. Es könnte zum Beispiel sein, daß sie unbewußt Angst davor hatte, süchtig nach Sex zu werden. Der verborgene Vorteil wäre also Schutz vor dieser Sucht. John erklärte mir, daß man in diesem Fall zunächst daran arbeiten müsse, den sekundären Wunsch aufzulösen, gegebenenfalls durch geführte Träume.

Wenn die Neurahmung nicht gelingt, so kann dies an einem tiefliegenden, festgefahrenen Glauben liegen, an einer Überzeugung, die manchmal dermaßen unumstößlich ist, daß die betreffende Person sich nicht mehr verändern kann oder will. Wie wir damit umgehen können, werde ich am Ende dieses Buches beschreiben, denn das ist die schwerste Aufgabe.

Ängste und Phobien

Das Spiel zwischen Bewußtem und Unterbewußtem wird wohl am deutlichsten bei Menschen, die an Ängsten oder Phobien leiden. Eine Phobie entsteht durch eine falsche Beziehungssetzung zwischen dem, was jemand sieht, und der Bedeutung, die er ihm beimißt. So war einmal eine Frau aus Drammen in Norwegen bei mir in Behandlung, die an einer Spinnenphobie litt. Für die meisten von uns ist eine kleine Spinne ein Tier wie jedes andere, doch in der Vorstellung meiner Klientin war sie ein lebensgefährliches Monster. Sah sie eine Spinne, erschrak sie furchtbar und geriet in äußerste Panik. Diese starke Angst, verbunden mit dem Drang, dieser „Gefahr" zu entkommen, ist allen Phobikern gemein, ungeachtet dessen, wovor sie sich fürchten. Dieses Reaktionsmuster ist fest in ihrem Gehirn verankert; so als wäre es eingebaut. Immer wieder, wenn sie auf das „gefährliche" Objekt treffen oder mit einer für sie „gefährlichen" Situation konfrontiert werden, folgen diese Menschen derselben eingeschliffenen neuronalen Bahn, mit derselben Reihenfolge angsterzeugender Gedanken und Gefühle, an deren Ende unvermeidlich die Schlußfolgerung steht: Lebensgefahr! Weglaufen! Wohlgemerkt: Dieser ganze Prozeß spielt sich im Bruchteil einer Sekunde ab, also unglaublich schnell. Neben dem psychischen Leid, das der Patient durch seine Phobie erlebt, gibt es noch einen weiteren Aspekt, der phobisches Verhalten besonders bedenklich und im Laufe der Zeit auch gefährlich erscheinen läßt. Es ist die Tatsache, daß die Flucht- oder Panikreaktion dermaßen heftig und unvernünftig sein kann, daß sich der Patient *tatsächlich* in Gefahr bringt. So war Gerd, die Norwegerin, die ich bereits oben erwähnte, einmal aus einem fahrenden Auto gesprungen, das etwa fünfzig Stundenkilometer fuhr, nur weil eine winzige Spinne durch das offene Schiebedach gefallen war. Dabei hatte sie sich ernsthaft verletzt.

Als ich Gerd kennenlernte, hatte ich gerade mein NLP-Practitioner-Training hinter mir. Die Technik, die ich bei ihr einsetzte, ist inzwischen durch neuere, extrem schnell wirksame Techniken ersetzt worden, aber sie gibt ein gutes Bild davon, wie das Ganze funktioniert. Für einen Therapeuten ist es nicht einfach, mit einem Phobiker zu arbeiten. Selbst wenn ich Gerd lediglich bat, sich das Bild einer Spinne in Erinnerung zu rufen, mußte ich damit rechnen, daß sie phobisch reagierte; erst recht natürlich, wenn ich ihr eine echte Spinne gezeigt hätte. Wenn Sie daran nicht denken, müssen Sie Ihren Patienten anschließend im ganzen Haus suchen – falls er nicht auf Nimmerwiedersehen verschwunden ist. Um zu verhindern, daß Gerd auf und davon rannte, bevor ich überhaupt angefangen hatte, ließ ich sie eine *doppelte Dissoziation* ausführen, wodurch sie sich aus einem gewissen Abstand selbst betrachten konnte. Das ließ die Bedrohung etwas geringer erscheinen.

Ich : „Gerd, können Sie sich vorstellen, daß Sie aus Ihrem Körper schweben und vom Schrank aus auf sich selbst hinunter sehen?"

Gerd: „Ja."

Ich : „Sehen Sie uns beide nebeneinander sitzen?"

Gerd: „Ja."

Ich : „Sehen Sie nun von Ihrem Platz oben auf dem Schrank zu Gerd hinunter, die auf dem Stuhl sitzt, und achten Sie darauf, was sie tut. Sie schaut sich nämlich gerade einen schwarzweißen Videofilm an, der aus zehn Meter Entfernung gezeigt wird. Gelingt Ihnen das?"

Gerd: „Ja; es ist auch gut, jedesmal darauf hinzuweisen, sonst sehe ich vielleicht das Video direkt an."

Ich : „Behalten Sie den Überblick und spüren Sie jetzt, wie angenehm sicher Sie hier neben mir sitzen; gehen Sie in das

Gefühl der Sicherheit hinein und wenn Sie es spüren, nicken Sie. (Gerd nickt.) Wenn Sie nichts dagegen haben, halte ich Ihre Hand fest, so daß das Spüren meiner Hand mit dem Gefühl der Sicherheit gekoppelt ist. Sie wissen, daß Sie hier in diesem Zimmer sicher sind. Ich werde Sie ab und zu ein wenig kneifen, um Sie daran zu erinnern."

O.K., jetzt gehts los. Sie blicken oben vom Schrank auf sich selbst und auf mich hinab, wie ich Ihre Hand halte, und Sie sehen, wie Sie auf einem Stuhl sitzen und ein Schwarzweißvideo über sich selbst betrachten. Sie sehen von Ihrem Platz oben auf dem Schrank, daß Sie vom Stuhl aus ein Schwarzweißvideo anschauen, das zufällig aufgenommen wurde, als Sie Ihre letzte Begegnung mit einer Spinne hatten. Wir sitzen hier sicher, und Sie betrachten sich selbst, wie Sie ein Schwarzweißvideo anschauen, das in einem Fernseher läuft, der zehn Meter entfernt steht. Sie sehen sich selbst einen Videofilm betrachten, in dem Sie sich selbst sehen, als Sie das letzte Mal einer Spinne begegneten. Sie sehen sich selbst, wie Sie vom Stuhl aus zusehen, bis zu dem Moment, wo Sie der Spinne begegneten; dann wird der Film wieder angehalten. Sie sehen, daß Sie vom Stuhl aus sehen, wie Sie in dem Schwarzweißvideo reagieren, das auf dem zehn Meter entfernten Fernseher läuft. Wenn der Film an den Punkt kommt, wo Sie auf die Spinne reagieren, halten Sie das Bild an…

Gerd: „Halt!"

Ich : „Kommen Sie nun wieder in Ihren Körper zurück und bitten Sie die Gerd aus dem Film, zu uns zu kommen. Sprechen Sie mit ihr, um sie zu trösten und zu beruhigen. Was sagen Sie zu sich selbst und was tun Sie, um ihr zu helfen?"

Gerd: „Komm zu mir, Liebes. Es ist doch gar nicht so schlimm, jetzt bist du sicher…"

Nachdem Gerd sich selbst mit diesen Worten getröstet hatte, wiederholten wir die Prozedur noch einige Male, wobei ich den

Videofilm von schwarzweiß in farbig veränderte und immer näher kommen ließ, bis ich merkte, daß die emotionale Spannung zurückging. Dann ließ ich sie vom Schrank herunterkommen und nun ohne doppelte Dissoziation vom Stuhl aus das immaginäre Video betrachten. Ich behielt sie dabei stets gut im Auge und stellte fest, daß sie keine Spur von Unbehagen mehr zeigte. Das war das Zeichen dafür, daß ihr altes, phobisches Denkmuster durchbrochen worden war.

Am nächsten Tag rief sie mich an und erzählte mir voller Freude, daß sie am Morgen zum Wäschewaschen in den Keller gegangen sei und eine große schwarze Spinne unter der Waschmaschine hervorgekrochen wäre. Sie war einfach stehengeblieben und hatte ruhig zugesehen, wie das Tier herumlief, ohne daß sie auch nur den Drang verspürt hätte, die Spinne zu töten...

Die Wirksamkeit dieser Methode zeigte sich in doppelter Weise, als ich selbst feststellte, daß Gerd, die außer ihrer Angst vor Spinnen auch eine schwere Phobie gegenüber Wespen gehabt hatte (davon hatte ich sie in derselben Sitzung befreit), während des folgenden Workshops überhaupt keine Angstreaktion mehr zeigte, als fünf Wespen hintereinander in das Zimmer geflogen kamen. Seither kommt sie jedes Jahr zu meinem Vortrag in Drammen und schenkt mir bei dieser Gelegenheit immer einen riesigen Blumenstrauß.

Eine ganz besondere Phobieklientin hatte ich, als ich einmal zu Besuch in Stavanger war. Sie war Leiterin einer Schule und hatte eine enorme Angst vor Federn und flatternden Vögeln. Das war nicht sehr spaßig, erzählte sie, da die Kinder manchmal mit kleinen selbstgemachten Geschenken kamen, in denen nicht selten (meinte sie) Federn verarbeitet waren. Obwohl einige ihrer Kolleginnen, die über ihre Phobie Bescheid wußten, versuchten, mit aufmerksamer Kontrolle und viel Diplomatie solche Geschenke abzufangen, war es einige Wochen zuvor bei einer Siegerehrung völlig danebengegangen, was die Kinder stark verwirrt und verängstigt hatte. Sie war schreiend fortgelaufen und hatte dabei alle, die ihr in den Weg kamen, über den Haufen gerannt. Laut den Aussagen ihrer Familie hatte sie dieses Problem von Geburt an.

Meine Neugier war geweckt, und nachdem ich sie zunächst in tiefe Entspannung gebracht hatte, bat ich ihr Unterbewußtsein, in die Vergangenheit zurückzugehen, um mir auf diese Art und Weise ein Bild von dem Ereignis zu vermitteln, das diese Angst hervorgerufen hatte. Die Technik dazu ist recht einfach. Ich bat die Klientin, sich ein wenig in das Gefühl der Phobie zu begeben, und verankerte (koppelte) dieses Metagefühl danach mit einem taktilen Reiz, wobei ich mit leichtem Druck den Knöchel ihres Mittelfingers berührte. Diesen Anker hielt ich fest (ich berührte also weiterhin ihren Knöchel), wodurch ihr Unterbewußtsein in Verbindung mit dem Gefühl der Angst blieb. Auf diese Weise konnte ich leicht die Erinnerungen heraufholen, die damit verbunden waren. Nun gingen wir immer weiter in ihre Vergangenheit zurück, bis wir beim ersten Auftreten der Phobie angelangt waren.

In diesem Fall erlebten wir eine große Überraschung. Sie sah ein Bild ihrer Mutter, wie sie schreiend über ihr stand und überall Federn herumflogen. Glücklicherweise hatte ich einen Impuls, der mich weiterfragen ließ, was dann geschah. Sie blickte nun nach oben, während sie (in ihrer Vorstellung) auf dem Rücken lag und sah das Geäst eines Baumes über sich. Sie spürte, daß sie in einer Wiege lag und daß die Pollen von dem Baum in die Wiege fielen; und auf einmal springt ein Huhn in die Wiege, genau auf sie hinauf! Ich holte sie schnell in die Sicherheit der Gegenwart zurück, damit sie nicht erneut in Panik geriet. Außerdem ließ sich das Weitere leicht erraten: Das Kindchen (etwa ein Jahr alt) schrie und geriet natürlich in Panik beim Anblick eines so gewaltigen Ungeheuers (in den Augen des Babys), das in seiner Wiege nach den Samen eines Baumes pickte. Die Mutter hörte das panische Schreien ihres Babys und sah ihr Kind in Todesangst; schreiend kam sie angelaufen, packte das flatternde Federvieh und warf es aus der Wiege. Die Angst des Kindes muß furchtbar gewesen sein. Von diesem Augenblick an waren in ihrem Unterbewußtsein Hühner (oder allgemein Vögel) und Federn fest an eine enorme Angst und das Gefühl der Lebensgefahr gekoppelt. Jetzt genügte bereits eine herumfliegende Feder, um bei dieser Frau Panik auszulösen, so intelligent und vernünftig sie auch war und so sehr sie sich auch bemühte, sich die Zartheit, Schönheit und Unschuld, die eine Feder symbolisiert, zu vergegenwärtigen.

Als ich das erkannt hatte, wandten wir die Phobietechnik, die ich weiter oben in diesem Kapitel beschrieben habe, auf die zehn wichtigsten Paniksituationen in ihrem Leben an. Nach zwei Stunden Arbeit konnte ich feststellen, daß das Bild eines Vogels oder von Federn keine Angst mehr bei ihr hervorrief. An die Stelle des Gefühls der Lebensgefahr, das immer am Ende der eingeschliffenen neuronalen Bahn gestanden hatte, war eine angenehme Ruhe getreten. Das hatte zwei Stunden anstrengender Arbeit gekostet, aber für die Schulleiterin war es der Beginn eines neuen Lebens.

Einer der eigenartigsten Fälle, die mir bis heute begegnet sind, ist der einer Dame aus Holland, die ihr Haus schon neunzehn Jahren lang nicht mehr verlassen hatte. Nicht etwa, daß sie menschenscheu gewesen wäre; sie war Steuerberaterin von Beruf, und ihre Klienten kamen zu ihr ins Haus. Ich begegnete ihr, als ich eines Tages im Mai 1988 ein Managementseminar in Amersfoort abhielt, das von einem alternativen Zentrum organisiert worden war. Durch ein seltsames Zusammentreffen von Umständen kam ich schließlich in ihr Haus. Als ich gegen fünf Uhr nachmittags verfrüht bei ihr eintraf, fragte sie, worauf ich Lust hätte. Da es einer der ersten schönen Tage im Jahr war, schlug ich vor, eine Wanderung zu machen und ein paar praktische Dinge zu besprechen. Sie wurde plötzlich nervös und ärgerlich und meinte pikiert: „Jetzt sind Sie noch keine zehn Minuten hier, und schon sitzen wir mitten in den Problemen." „Was ist denn das Problem?" fragte ich ziemlich erstaunt nach.

Nach einigen Ausflüchten stellte sich schließlich heraus, daß die Dame seit neunzehn Jahren ihr Haus nicht mehr verlassen hatte. Mein Vorschlag, einen Spaziergang zu unternehmen, legte also den Finger genau in die Wunde. Ich konnte kaum glauben, was ich da hörte, und fragte sie, wie es denn dazu gekommen sei. Daraufhin erzählte sie mir, daß sie 1969 eine Reise angetreten und sich unterwegs an einem Bonbon verschluckt hatte, das ihr buchstäblich in den falschen Hals geraten war. Danach hatte sie keine Luft mehr bekommen und war klinisch tot. Ihr Bewußtsein war aus ihrem Körper getreten, und sie sah ihren Körper auf der Straße liegen; viele Menschen standen um sie herum, die aufgeregt versuchten, Erste Hilfe zu leisten. Schließlich gelang es einem von ihnen dann doch noch, das Bonbon herauszubekommen, woraufhin sie wieder in ihren Körper zurückkehrte. Ich kenne selbst einige Menschen, die ähnliche Nahtodeserfahrungen gemacht haben, als sie ertranken oder bei einer mißglückten Operation einen Herzstillstand erlitten. Zu diesem Thema wurden auch einige Untersuchungen angestellt und viele Bücher geschrieben. So hat beispielsweise der amerikanische Arzt Dr.Gallup eine großangelegte Untersuchung bei acht Millionen Amerikanern angestellt, die solche Erlebnisse zutage förderte. Meistens ist eine solche Nahtodeserfahrung ein phantastisches, kaum beschreibbares Erlebnis, aber das galt offensichtlich nicht für diese Dame. Für sie war es schrecklich gewesen.

Als ich mich vorsichtig erkundigte, ob sie sich denn nicht in eine Therapie begeben hätte, bekam ich zu hören, daß sie in den Monaten danach in eine psychiatrische Klinik aufgenommen worden war, wo sie Beruhigungsmittel geschluckt und sich Therapien unterzogen habe, entlassen und wieder aufgenommen worden sei, bis sie schließlich die Hoffnung aufgegeben hatte. Jetzt kam jede Woche ein Psychologe zu ihr, der sie manchmal am Arm nahm und mit ihr nach draußen ging, ein paar hundert Meter nach links, ein paar hundert Meter nach rechts und dann schnell wieder ins Haus, um Kaffee zu trinken und zu sich zu kommen.

Zu dieser Zeit hatte ich noch keinerlei Erfahrung mit derlei Dingen, abgesehen von den paar Patienten, die ich in Norwegen gehabt hatte; also war dies eigentlich nicht mein Gebiet, doch ich fand es geradezu lächerlich. Außerdem war ich so erstaunt, daß ich ohne zu überlegen geradeheraus sagte: „Das ist ja geradezu lächerlich!" Die Dame war natürlich äußerst erbost. Ich beruhigte sie und erklärte ihr, daß ich nicht sie und ihr Problem lächerlich fand, sondern die Tatsache, daß man ihr in zwanzig Jahren nicht hatte helfen können. Ich wollte ihr beweisen, daß sie innerhalb einer Stunde gesund sein könnte. Es fehlte nicht viel, und ich hätte auf der Straße gestanden. Nachdem wir eine halbe Stunde über meine Arbeit gesprochen hatten, wobei ich ihr die wenigen Beispiele aus Norwegen erzählte, stellte ich sie höflich vor die Entscheidung: „Meine Liebe, es ist Ihr Begräbnis und nicht meins. Sie können wählen: ob wir einen Sherry trinken, ob ich allein spazierengehe, oder ob wir eine Übung machen, um die Phobie zu beheben, wobei ich beinahe sicher bin, daß Sie sie in einer halben Stunde los sein können."

Ich war aufrichtig davon überzeugt, daß dies eine einfache Aufgabe sei. Das wurde es jedoch nicht, da sie sich beständig wehrte und behauptete, alles, was ich sagte, sei schon oft an ihr ausprobiert worden. Meine einfache Antwort darauf war: „Wenn sie all das schon getan haben, haben sie es nicht gut getan."

Als wir endlich die Übung ohne Unterbrechung auf dieselbe Art und Weise, wie ich es im Fall der Schulleiterin beschrieben habe, durchgeführt hatten, machten wir die Probe aufs Exempel und unternahmen einen Spaziergang. Wir besuchten einen ihrer Kunden, den Inhaber eines türkischen Restaurants. Der

Mann sah uns mit großen Augen an, als wir eintraten. Er war so freudig überrascht, daß er uns den ganzen Abend lang kostenlos mit Speisen und Getränken versorgt hat. Am nächsten Tag schlug ich ihr vor, allein spazieren zu gehen, während ich an der Haustür wartete. Da ich Sonntagabend wieder nach Hause reiste, nahm ich ihr das Versprechen ab, daß sie jeden Tag auswärts in einem kleinen Restaurant ihr Mittagsmahl einnehmen würde. Zur Kontrolle rief ich sie am Montagmittag noch einmal an. Sie schien nicht zu Hause zu sein; zum ersten Mal seit neunzehn Jahren.

Wie ich bereits sagte, setzte ich damals noch die umständliche Methode ein, denn ich hatte damals gerade die Practitioner-Ausbildung hinter mir, und Richard Bandler und John Grinder hatten die schnellere Methode noch nicht entdeckt. Diese schnelle Methode funktioniert folgendermaßen:

Sie entspannen sich auf einem Stuhl sitzend und stellen sich einen Videofilm vor, der direkt vor Ihrer Nase abläuft. In dem Film sehen Sie sich kurz bevor Sie Ihre letzte angstbeladene Erfahrung hatten. Ist die Angst sehr stark, so machen Sie das Video schwarzweiß und stellen es sich weiter entfernt vor, mit einem sehr kleinen Bild. Lassen Sie den Film nun in normalem Tempo ablaufen, bis zu dem Moment, in dem Sie sehen, daß Sie in Panik geraten. Halten Sie den Film an und lassen Sie ihn in Ihrer Vorstellung in demselben Tempo rückwärts laufen, bis zum Anfang. Achten Sie darauf, daß auch die Geräusche und Worte rückwärts ablaufen. Das muß nicht besonders genau sein, aber tun Sie Ihr Bestes, um es so echt wie möglich zu machen. Üben Sie notfalls zuvor mit einem richtigen Video. Nach dem ersten Durchgang fangen Sie noch einmal an, doch diesmal in schnellerem Tempo. Dann lassen Sie den Film wieder zurücklaufen, ebenfalls in diesem schnelleren Tempo; darauf ein drittes Mal vorwärts, in wiederum schnellerem Tempo und in diesem Tempo auch wieder zurück. Um zu überprüfen, was sich inzwischen verändert hat, lassen Sie das Bild stehen, das Sie in der angsterzeugenden Situation zeigt. Spüren Sie nach, ob sich Ihre Gefühle verändert haben. Ist die Angst noch nicht völlig verschwunden, führen Sie den Vorgang noch ein paarmal in schnellerem Tempo durch, bis Sie bei der Überprüfung ein Gefühl der Ruhe haben.

Was hat sich nun in Ihrem Gehirn verändert? Das Bild auf dem Video ist durch das beschleunigte Tempo in Ihrer Vorstellung dermaßen lachhaft für Sie geworden, daß am Ende des neuronalen Schaltkreises mit dem Bild ein lustiges oder zumindest neutrales Gefühl entstanden ist. Mit anderen Worten: Sie haben aus dem Melodram ein Lustspiel gemacht. Vergessen Sie nicht, daß diese Wirklichkeit ebenso wirklich ist wie die vorherige, die dramatische, und daß die dramatische Wirklichkeit nicht besonders nützlich für Sie war, sonst wäre es ja nicht notwendig gewesen, sie zu verändern.

Ein gutes Beispiel dafür, wie das Unterbewußtsein eine verkehrte Schaltung aufbauen kann, die ein Leben lang anhält, sehen wir an dem folgenden Fall einer Frau, die an einer starken Froschphobie litt. Mit einer „starken Froschphobie" meine ich, daß sie ängstlich nach allen Seiten blickte, als sie zu mir kam, und immer wieder aufschrak und mich fragte, ob wirklich keine Frösche im Zimmer seien. Witzigerweise hätte nicht viel gefehlt, und ich hätte in der Tat einen Frosch zur Hand gehabt, denn tags zuvor hatte ich eines unserer kleinen Kätzchen mit etwas im Gras spielen sehen, und zwar – wie Sie wohl leicht erraten könnnen – mit einem Fröschlein. Es war das erste Mal, daß wir einen Frosch sahen, seit wir dort wohnten, und in unserer Gegend gibt es auch kein Gewässer. Da zeigte sich einmal wieder: Was im Bewußtsein vorhanden ist, neigt dazu, sich zu manifestieren. Weil ich wußte, daß diese Dame am nächsten Tag kam, hatte ich mich unbewußt mit Fröschen beschäftigt, und hoppla, schon war einer da. Zuerst spielte ich mit dem Gedanken, den Frosch zur Beobachtung in eine Kiste zu setzen, aber meine Frau und ich fanden dann doch, daß es grausam für das

Tier wäre, und so setzte ich den Frosch jenseits unseres Gartens wieder aus.

Bei dieser Dame habe ich die schnelle Methode eingesetzt, und die Kontrolle zeigte, daß sie funktionierte und nicht sehr mühsam war. Als das erst einmal geklärt war, wollte ich aber doch noch erfahren, wie diese Phobie denn überhaupt zustande gekommen sei. Meine Überraschung war groß, als sie mir berichtete, sie hätte als Fünfjährige aus Kaulquappen Frösche gezüchtet, und als die Kaulquappen zu Fröschlein geworden waren, setzte sie die Tiere in einem Bach aus. Eine größere Zuneigung zu Fröschlein ist unvorstellbar. Sie erzählte, sie hätte viel Freude damit gehabt. Als ich dann weiter fragte, wie es denn dann in Gottes Namen zu dieser Phobie gekommen sei, berichtete sie, daß ihre beste Freundin sie einmal beiseite genommen und ihr erzählt habe, in einem kleinen Häuschen weiter oben am Bach wohne eine Hexe, die feuerspeiende Kröten und Frösche sammle, die sie für ihre Hexerei brauchte. Das war auch noch nicht weiter schlimm, doch eines Tages, als sie sich gerade mit ihren Fröschlein beschäftigte, kam diese Freundin zu Besuch, sah die Frösche, drehte sich um und schrie: „Wenn du nicht aufhörst, mit den Fröschen zu spielen, darfst du nicht mehr zu mir kommen, dann bist du nicht mehr meine Freundin!“ Da sie sehr an ihrer Freundin hing, setzte sie alle ihre Frösche im Bach aus.

Bis dahin war ja alles noch recht normal verlaufen. Als sie dann jedoch wieder zu ihrer Freundin ging, hüpfte ein Frosch genau vor ihr auf den Weg, und in diesem Augenblick befiel sie erstmals ihre panische Angst.

Ich vermute, einige Leser haben bereits durchschaut, welches Muster in ihrem Unterbewußtsein entstanden war. Das Mädchen hatte überhaupt keine Angst vor Fröschen, sondern befürchtete vielmehr, ihre Freudin zu verlieren und ausgestoßen zu werden. Sie hatte Angst, wenn ihre Freundin sie mit dem Frosch sähe, würde sie sie verlieren. Das Bild des Frosches wurde fest an die Angst gekoppelt und da war die Phobie. Vierzig Jahre später, als ihre Freundin schon zwanzig Jahre lang in Amerika lebte und sie sie also ohnehin verloren hatte, zeigte sie immer noch diese phobische Reaktion. Wir sind nach der Schnellmethode vorgegangen und haben danach noch ein Weilchen gebraucht, wobei ich sie die freudvollen Augenblicke ihres Spiels mit den Fröschen aus ihrem Unterbewußtsein hervorholen ließ. Auf diese Art und Weise und mit Hilfe der Umprogrammierung haben wir eine Veränderung der Geschichte zustande gebracht, die die ursprüngliche Paniksituation vollkommen neutralisierte.

Die Geschichte hatte noch einen weiteren merkwürdigen Aspekt. Sie berichtete nämlich, daß sie einen kleinen Garten hatte, in dem mindestens fünf Frösche lebten; in ihrer Gegend waren jedoch noch nie Frösche beobachtet worden. Sie konnte also niemals in den Garten gehen. Wenn man bedenkt, daß wir weniger als eine Stunde benötigt haben, um ihr gesamtes Leben zu verändern, ist das doch ziemlich beeindruckend.

Manche Leser mögen nun vielleicht annehmen, ich sei ein professioneller Therapeut; doch nichts trifft weniger zu als dies. Ich mache das in der Regel nur zu meinem Vergnügen, da mich das Phänomen „Mensch" und inbesondere der Magier in jedem von uns fasziniert. Mein Hauptberuf ist das Genießen. Vor einigen Monaten kam anläßlich eines Vortrags, den ich hielt, ein Reporter zu mir, und seine Schlußfolgerung und zugleich die Überschrift seines Artikels lautete: „Paul Liekens genießt das Leben." Er erschien in den zwei größten flämischen Zeitungen. Nachdem ich eine Vorlesung über Träume in Venlo gehalten hatte, brachte eine niederländische Zeitung einen ganzseitigen Artikel heraus, der unter der vielsagenden Überschrift: „Der Magier – Belgischer Geschäftsmann handelt mit Träumen, Pyramiden und Hundefutter" ein großes Foto von mir zeigte. Weshalb Magier? Weil die Reporter nach ihren Normen ein

Wunder erlebt hatten, das nach meinen Normen lediglich der normale Lauf der Dinge war.

Womit beschäftige ich mich aber nun in Wirklichkeit? Das Genießen betrifft alles, was ich tue. Meine Tätigkeit besteht darin, Seminare für Betriebsleiter, Manager und danach meist auch, wenn das praktisch durchführbar ist, für einen Teil ihres Personals abzuhalten. Außerdem gebe ich Workshops, vornehmlich für Menschen aus der sogenannten „New-Age-Bewegung", die auf der Suche nach Integrationsmöglichkeiten für das neue Weltbild sind. Ich organisiere das selten selbst, sondern lasse in der Regel die Außenwelt, die eine Widerspiegelung meiner Innenwelt und damit auch meiner Wünsche darstellt, ihren Lauf nehmen. Diese innere Haltung und äußeren Techniken werde ich bald auch an postuniversitären Managementschulen unterrichten.

Bei all dem achte ich jedoch sorgfältig darauf, daß ich mich nicht übernehme und daß genug Zeit übrig bleibt, die ich gemeinsam mit meiner Frau genießen kann. Ich habe es heute nämlich nicht mehr nötig, mich totzuarbeiten, um mir meine Brötchen zu verdienen, da ich von 1984 bis 1988 einen Betrieb aufgebaut habe, in dem ich all meine Prinzipien und Philosophien in die Praxis umsetzen konnte. Der Erfolg war phänomenal. Der Betrieb, der mir 1984 mehr oder weniger aufgedrängt wurde, schrieb rote Zahlen. Ich selbst hatte keinen roten Heller mehr, ja nicht einmal ein Auto, weil ich kurz zuvor bei meiner Scheidung alles aufgegeben hatte, sogar mein Sparbuch, damit ich meinen Kindern ermöglichen konnte, ohne finanzielle Not zu studieren. Eine Umorganisation des Betriebes, in dem ich als Verkaufsleiter tätig war, machte meine Stelle überflüssig, und nach einer Diskussion mit der Direktion beschloß ich, einen ihrer Betriebe zu übernehmen. Der Umsatz betrug etwa sechshunderttausend DM pro Jahr. Der Gewinn war jedoch nicht groß genug, um auch nur ein Viertel der Betriebskosten zu dekken. Trotzdem übernahm ich den Betrieb; von diesem Augenblick an folgte ein unwahrscheinliches Ereignis auf das andere, und der Umsatz stieg bis 1986 auf zehn Millionen DM pro Jahr – und das in einer Krisenzeit! 1988 verkaufte ich meine Anteile, obwohl ich nur noch einige Tage im Monat persönlich anwesend sein mußte, um nachzusehen wie es lief, und ich daher genügend Zeit hatte, den Bitten nach Vorträgen, Workshops und Kursen aus fünf verschiedenen Ländern nachzukommen. Überdies war ich auch noch vier Monate jährlich im Ausland.

Ich bin in vielerlei Hinsicht ein freier Mann geworden, vornehmlich frei von mir selbst, nachdem ich mich die Jahre zuvor selbst gefangengesetzt und in allerlei Dallas- und Denver-artigen Zuständen verstrickt hatte. Das bringt mich beinahe automatisch auf das Thema des folgenden Kapitels: Was ist der Schlüssel zum Erfolg?

Der Schlüssel zum Erfolg

Wenn Sie inzwischen ein leidenschaftlicher NLPler sind, werden Sie mich nun fragen: „Was meinen Sie mit Erfolg; Erfolg auf welchem Gebiet, in welchem Kontext? Erfolg im Vergleich zu was? Woher wissen Sie, daß Sie Erfolg haben? Wo spüren Sie das in Ihrem Körper?"

Im Leben erfolgreich sein, bedeutet für mich, „frei" zu sein, vielleicht zunächst sogar frei von „Erfolg", frei im Sinne von „nicht an etwas gebunden sein". Das schließt auch das Freisein vom Ego mit ein. Der Weg zur Freiheit besteht in der „Erkenntnis des Weges zur Weisheit".

Wenn man frei ist, kann man sich mit der Essenz der Dinge befassen, man kann es sich erlauben, flexibel zu sein. Wenn man frei ist, kann man die ganze Kraft seiner Kreativität einsetzen. Wenn man frei ist, gibt es keine Angst vor Fehlern, denn Fehler sind dann nur noch Rückmeldungen, die einen dazu bringen können, andere Mittel einzusetzen und andere Wege einzuschlagen. Wenn man frei ist, steht einem das Tor zur Harmonie weit offen, weil man es dann wagt, sich mit dem Fluß des Lebens und der Harmonie des Universums zu verbinden. Dann kann man sich von der Harmonie tragen lassen und seiner Umwelt ebenfalls Harmonie geben. Die eigenen Wünsche sind dann im Einklang mit den Gesetzen des Universums und gehen ganz von selbst in Erfüllung. Natürlich kann sich jemand, der das von außen beobachtet, täuschen und meinen, man sei ein Magier, während man lediglich Teil des großen Ganzen ist, der passive Aktive, der mit einer unerhörten und ungesehenen Effektivität die Welt um sich herum in Bewegung bringt und dessen Wunschträume sich einer nach dem anderen verwirklichen, während er keine andere Anstrengung unternimmt, als einfach nur „zu sein".

Dieses Kapitel trug in der ursprünglichen Version des Buches die Nummer 26. Die Zwei symbolisiert die Dualität, das Getrenntsein und den Wettbewerb, während die Sechs Gleichgewicht und Harmonie bedeutet. Die Quersumme der Zahl 26 ist die Zahl Acht, die Zahl des Karma. Der Schlüssel zum Erfolg liegt in der Erfahrung der Wechselwirkungen des „Plus und Minus", des „Einen oder Anderen", des „Für und Wider", der komplementären Aspekte des Seins. Irgendwann entdeckt man möglicherweise, daß die scheinbaren Gegensätze Teile einer Einheit sind. Die Bewußtheit des Einsseins führt zu einem Gefühl der Harmonie während des Wachstumsprozesses – vom Glauben an die Dualität zur Bewußtheit des Einsseins – und so arbeitet man sein Karma ab. Wenn man diese Lektion begriffen hat, braucht man sie nicht mehr zu erfahren. Das ist, was Erfolg in meinem Weltbild bedeutet. Es gibt Millionen anderer Vorstellungen von Erfolg für Milliarden anderer Menschen. Der Schlüssel zu jeglichem Erfolg liegt in der Art und Weise, wie man zu seiner Definition gelangt.

Ich habe den mühsamen Weg gewählt: fünfzehn Jahre Studium der Homöopathie, der Astrologie, des esoterischen Denkens, des Tarot, des Wyda, des I Ging, der heiligen Schriften, der intuitiven Entwicklung, der Auraheilung, der Farbtherapie, des Aura-Soma und des Ho'oponopono, sowie ein Synthese-Training der *Inner Light Consciousness,* das dreißig Tage hintereinander von sechs Uhr morgens bis vier Uhr nachmittags dauerte. Ich habe T'ai Chi, Yoga, Meditation und Chanting (das Singen von Mantras, manchmal vierundzwanzig Stunden durchgehend) geübt, unter der Anleitung echter und weniger echter Gurus. Über sechzehn Jahre lang habe ich mich mit Experimenten über die Pyramiden-Energien beschäftigt, wobei ich Dinge erlebt habe, die jedem klassisch geschulten Naturwissenschaftler den Schock seines Lebens versetzen würden. In dieser Zeit habe ich eine Anzahl von Büchern über diese Themen geschrieben. Gleichzeitig stand ich als Manager voll im Berufsleben und absolvierte nebenher postuniversitäre Weiterbildungen, wie zum Beispiel die zweijährige Intensivausbildung für Betriebsleiter, ein einjähriges Marketing-Manager-Training an der IPO-UFSIA Managerschule und ein einjähriges Ausbildungsprogramm für Topmanager an einem postuniversitären Institut, das der Universität Leuven angeschlossen ist. Zwischendurch, doch gewiß nicht nur nebenher, machte ich die NLP-Ausbildung bei John Grinder, seiner Frau Carmen und Anné Linden am New Yorker NLP-Ausbildungszentrum; darauf folgte die Ausbildung zum Practitioner, die Master-Ausbildung und die Ausbildung für Trainer – all das zwischen 1986 und 1991.

Von den Managementkursen einmal abgesehen habe ich alle diese Ausbildungen, auch die in NLP, aus persönlichem Interesse gemacht, ohne das Ziel, auf diesen Gebieten tätig zu werden, und nur motiviert durch die Maxime: „Mensch, erkenne dich selbst". Ich bin den Weg gegangen, den ich den „langen Weg" nennen möchte. Es war ein faszinierender Weg, mit Höhen und Tiefen, voller Fallstricke und Hindernisse, mit Momenten voller Zweifel, Schmerzen, Angst und Ärger, aber auch mit Zeiten des Staunens, höchster Ektase und Freude. Als ich fast am Ende dieses Weges angelangt war, kam ich dahinter, daß es auch einen kürzeren Weg gibt. Diesen kürzeren Weg zum Erfolg möchte ich Ihnen nun anbieten. Dabei ist es nicht von Bedeutung, was Erfolg für Sie bedeutet, denn das ist allein Ihre Realität und liegt in Ihrer Verantwortung.

Was ich Ihnen anbieten will, ist ein schnellerer Weg zu Ihrem Ziel, so daß Sie sich danach wieder einen anderen Traum verwirklichen können und dann den nächsten. Alles, was Sie benötigen, um Ihr Ziel zu erreichen, ist Flexibilität, Anpassungsfähigkeit, Kongruenz, Kommunikationsfähigkeit sich selbst und anderen gegenüber sowie Durchhaltevermögen. Die Tatsache, daß Sie wissen, es gibt einen kürzeren Weg, bedeutet natürlich nicht, daß Sie nicht auch den längeren Weg gehen können. Meine Absicht ist es, Ihnen die Möglichkeit der Wahl zu geben.

Wie alle wahren Dinge ist der kurze Weg sehr einfach. Es genügt, sich jemanden zum Vorbild zu nehmen, der Ihren Traum bereits verwirklicht hat. Wie man das tut, werden wir gleich sehen. Wenn Sie sich jedoch davor bewahren wollen, den (für Sie) falschen Traum heraufzubeschwören, sollten Sie zunächst einmal lernen, wie man einen Traum *erschafft*.

Einen Traum träumen und eine Vision formulieren

Einmal las ich auf einem Poster den folgenden Text: „Wie soll man seinen Traum verwirklichen können, wenn man keinen Traum hat?" Das klingt wie eine Binsenweisheit, aber es ist nur zu wahr. Um einen Traum zu verwirklichenen, muß man ihn erst einmal in Worte fassen können. Dabei ist die richtige Formulierung von großer Bedeutung. Wie ich schon einmal sagte, ist es notwendig, die Botschaft in positiver Form an das Unterbewußtsein weiterzugeben. Formulieren Sie Ihren Wunschtraum also niemals so: „Ich will nicht mehr dies oder jenes tun", denn das kann verhängnisvolle Folgen zeitigen. Auf diese Art und Weise verbindet man sich nämlich erst recht mit dem, was man *nicht* mehr will, und die alte Verhaltensweise wird verstärkt. Sagen Sie besser: „Ich will dies oder jenes erreichen" oder „Ich will mich weiterentwickeln zu ..."

Fragen Sie sich dann, auf welchem Gebiet Ihr Traum bestehen muß: Soll er sich in jeder Lebenssituation manifestieren oder nur in einer bestimmten Umgebung und unter ganz bestimmten Umständen? Betrifft er beispielsweise lediglich Ihren Beruf, Ihre Geliebte oder Ihre Familie, oder muß er sich in allen Situationen erfüllen? Grenzen Sie das Gebiet präzise ab.

Eine Voraussetzung für das Gelingen ist, daß Ihr Traum durch Ihre eigene Anstrengung zu verwirklichen sein muß. Die Erfüllung des Wunsches, der Wirtschaft in den Ländern Ost-Europas, um die es zur Zeit recht schlecht bestellt ist, innerhalb eines Jahres auf die Beine zu helfen, liegt beispielsweise nicht im Bereich Ihrer Möglichkeiten.

Fragen Sie sich auch, ob Ihr Traum ökologisch verantwortbar ist (ökologisch heißt in diesem Zusammenhang soviel wie: ethisch, sozial, materiell, ökonomisch und spirituell). Ist die Verwirklichung Ihres Traumes wirklich nicht schädlich oder belastend für Ihre Umwelt, Ihre Arbeit oder Ihre Beziehungen? Sollte das der Fall sein, werden Sie auf inneren Widerstand stoßen (k), der durch einen anderen Aspekt Ihres Unterbewußtseins ausgelöst wird, der Sie davor beschützen will. Dann wird Ihr Traum ins Wasser fallen (k).

Wenn Sie all diese Vorbereitungen getroffen haben, setzen Sie sich hin, werden ganz ruhig (zur Vorbereitung der Kommunikation mit Ihrem Unterbewußtsein) und stellen sich dann vor, daß sich Ihr Traum bereits verwirklicht hätte. Fühlen Sie, wie das ist, beobachten Sie sich, achten Sie auf die Reaktionen Ihrer Umgebung, Ihrer Geliebten, Ihrer Familie, Ihrer Mitarbeiter, Ihrer Freunde und Bekannten. Sehen, hören und spüren Sie, ob Ihr Traum sich in allen Lebensbereichen bewährt. Wenn Sie merken, daß es noch Probleme gibt, verändern Sie Ihren Traum ein wenig und testen aufs neue, ob nun alles klappt.

Entscheiden Sie dann, zu welchem (realistischen) Zeitpunkt Sie den Traum verwirklicht sehen (v) wollen, und fragen Sie sich (a), woran Sie erkennen werden, daß Sie begonnen haben, Ihren Traum zu verwirklichen, daß Sie ein Viertel des Weges zurückgelegt haben, daß Sie die Hälfte geschafft haben und wann Sie Ihren Traum ganz verwirklicht haben.

Falls Sie unterwegs bemerken sollten, daß es doch noch verborgene Fallstricke auf dem einen oder anderen Gebiet gibt, passen Sie Ihren Traum erneut den Gegebenheiten an und prüfen wiederum die Veränderungen.

Durch die simple Tatsache, daß Sie sich ständig auf eine positive und sinnvolle Art und Weise mit Ihrem Traum beschäftigen, haben Sie bereits mit seiner Verwirklichung begonnen. Ihr Verbündeter hat diese Signale nämlich schon empfangen und ist bereits dabei, Strukturveränderungen vorzunehmen. Er hat sich der Dinge angenommen, derer es bedarf, um Ihren Traum wahr werden zu lassen.

Für den kurzen Weg benötigen wir nun ein Vorbild – jemanden, der Ihren Traum bereits in seinem Leben verwirklicht hat.

Die Inder haben zu diesem Zweck ihre Gurus und gehen so weit, daß sie beim Guru in einem *Ashram* (einer spirituellen Gemeinschaft oder einem Kloster) wohnen. In der Gegenwart eines Gurus, so lautet die Überlegung, kann man ihn (oder sie) als Vorbild nehmen, um zu demselben erleuchteten Zustand zu finden. Wenn wir uns die Wirklichkeit ansehen, geschieht das allerdings nur sehr selten. Überdies gibt der Guru am Ende seines (oder ihres) Lebens die Fackel nur an einen der vielen Schüler weiter. Diese Tradition allein kann schon ausreichen, um alle anderen vom Erreichen der Erleuchtung abzuhalten. Um die Erleuchtung zu erlangen, muß man selbst zum Guru werden, und um das zu erreichen, muß man von seinem Guru dazu auserwählt werden. Die Schüler trachten also danach, auserwählt zu werden, indem sie dem Unterricht des Meisters folgen, indem sie singen und indem sie Karma-Yoga (freiwilliges Arbeiten im Ashram, um das Karma zu erleichtern) üben. Sie gehen den langen Weg, obwohl sie die günstigsten Voraussetzungen haben, um den kürzeren Weg zu nehmen, da ihr Vorbild ihnen direkt zur Verfügung steht.

Würden sie nur ganz exakt ihren Guru modellieren (was dieses „exakt modellieren" bedeutet, werde ich im Kapitel „Modellieren" ab Seite 190 erklären), so würden sie sich all die Eigenschaften, die sie benötigen, um denselben Erleuchtungszustand zu erreichen, viel schneller aneignen. Wenn Sie Ihr Vorbild gefunden haben, sei es in der spirituellen Welt, der Geschäftswelt oder der Politik, können Sie loslegen; denn wenn Sie die Impulse heraussuchen, die Ihr Modell seinem Nervensystem und seinem Unterbewußtsein vermittelt, und lernen, dasselbe zu tun, werden Sie auch dieselben Resultate erzielen wie Ihr Vorbild.

Bevor ich noch näher auf das Modellieren eingehe, möchte ich zunächst einmal auf die totale Kommunikation zu sprechen kommen. Denn bevor wir etwas von unserem Vorbild übernehmen können, müssen wir wissen, was wahre und vollkommene Kommunikation auf allen Ebenen bedeutet.

Die totale Kommunikation

Die Kommunikationsforschung hat ans Licht gebracht (v), daß das gesprochene Wort weniger als zehn Prozent der zwischenmenschlichen Kommunikation ausmacht. Der Kontakt zu einem anderen Menschen wird durch eine Vielzahl weiterer Faktoren bestimmt. Für diesen Kontakt gibt es im NLP-Jargon einen schwer erklärbaren Begriff: Rapport. Rapport bedeutet, miteinander in Übereinstimmung sein, auf der gleichen Wellenlänge liegen, miteinander harmonieren.

Diejenigen, die den Film *Gorillas im Nebel* gesehen haben, werden sich erinnern, daß die Frau, die die durch Wilderer und Waldrodung bedrohten Gorillas retten will, Kontakt mit einer Gruppe dieser lebensgefährlichen Menschenaffen sucht. Dann steht sie plötzlich unerwartet dem wichtigsten Gorillamann gegenüber. Sie stellt *Rapport* zu ihm her, indem sie sich niederhockt, den Blick unterwürfig auf den Boden richtet und so tut, als hebe sie etwas vom Boden auf, das sie in ihren Mund steckt. Das ist nämlich genau die Haltung, die sie bei den anderen Gorillas in einer solchen Situation beobachtet hat. Der Gorillamann erkennt das, und damit ist die Gefahr gebannt. Nach einigen Begegnungen entsteht sogar eine Freundschaft zwischen den Gorillas und der Frau. Der Film basiert auf wahren Begebenheiten. (Ich kenne übrigens jemanden, der regelmäßige Safaris in dieses Gebiet organisiert, und er geht genauso vor, wenn er plötzlich vor einer Gruppe Gorillas steht.)

Um einen Rapport mit jemandem herzustellen, muß man den anderen widerspiegeln: Man muß ihn oder sie „matchen". Was das bedeutet, habe ich ja bereits weiter vorn erklärt. Sie können sämtliche Gebiete und Systeme „matchen", die der andere gebraucht und die wir in diesem Buch bereits besprochen haben. Sie können seine Einstellung nachahmen, dieselbe Körperhaltung einnehmen, dieselben Worte gebrauchen, denselben Sprachrhythmus, denselben Tonfall und vieles anderes mehr. Dadurch, daß Sie auf dieselbe Art und Weise kommunizieren wie der andere, kommen Sie auf seine Wellenlänge. So werden Sie Ihre Botschaft unter optimalen Umständen vermitteln und seine (oder ihre) Botschaften optimal empfangen können.

Indem man „Ja, aber..." sagt, unterbricht oder erschwert man den Rapport. Man geht dann zwar anscheinend mit dem anderen mit, bricht den Kontakt aber schnell wieder ab. Eine bessere Methode, die eigene Meinung vorzubringen, besteht darin zu sagen: „Ich schätze das, was Sie gesagt haben; es gibt mir mehr Information darüber, um was es geht. Ein weiterer interessanter Punkt ist ..." Oder: „Vielen Dank für die Informationen und Ihr Interesse. Das ist interessant und neu für mich, und ich werde darüber nachdenken. Was ich selbst, von meinem Standpunkt aus darüber weiß, ist ..." Durch diese Art der Kommunikation kann man einen effektiveren und besseren Rapport erreichen, als durch: „Ja, aber ..."

Totale Kommunikation bezieht sich aber auch auf die energetische Ebene. Wir alle sind nämlich in Wirklichkeit Atombündel, die hauptsächlich aus leerem Raum bestehen. Dem *Taoismus* (der alten chinesischen Philosophie) zufolge sind wir eigentlich eine große Leere, die durch eine bestimmte Schwingung sichtbar wird, und die moderne Physik scheint dies zu bestätigen. Wir sind kleine Energiebündel, angefüllt mit und entstanden aus Bewußtsein. Dieses Energiebündel hat eine Ausstrahlung und ist in ständiger Bewegung. Ein Elektron bleibt nur maximal fünf Stunden lang auf seinem Platz in unserem Körper. Der sichtbare Teil des Menschen, unser Körper, ist der Aspekt mit der niedrigsten Schwingungsfrequenz. Er ist von Hüllen umgeben, die in höheren Frequenzen schwingen, die wir jedoch mit unseren Augen nicht sehen können, da unsere Wahrnehmung nur auf die niedrigeren Frequenzen abgestimmt ist. Wir können jedoch sehr wohl *lernen,* diese anderen

Hüllen zu sehen, indem wir es üben. Der feinstoffliche Körper wird „Aura" genannt. Es muß eine Zeit gegeben haben, da die Mehrzahl der Menschen diese Energiehüllen sehen konnte. Die Kahunas machten von dieser unsichtbaren Energie Gebrauch und konnten sie über weite Entfernungen hinweg aussenden, um dort Dinge zu bewirken. Bei der totalen Kommunikation ist es äußerst wichtig, diesen energetischen Aspekt nicht zu vernachlässigen. Ich nenne das *harmonisieren*.

Das Harmonisieren geht von einem Grundsatz der modernen Quantenphysik aus, der besagt, daß in jedem Atom ein Bewußtseinskern verborgen liegt (verborgen ist genau das richtige Wort, da man diesen Bewußtseinskern ja nicht sieht). Auf der anderen Seite ist jedes Atom aus diesem Bewußtsein entstanden. In jeder begrenzten Anhäufung von Atomen entsteht ein neues Bewußtsein. Die Tatsache, daß ein Atom Energie ist und daß überall um uns herum Atome sind, bedeutet, daß wir in der Tat in einer großen Einheit eingebettet leben und alle miteinander verbunden sind, ohne daß wir es jedoch sehen können. Es sind bereits Experimente durchgeführt worden, die zu beweisen scheinen, daß geistige Vorgänge ihre Spuren im Äther hinterlassen, die dann wieder durch andere aufgenommen werden können, wobei der Äther das Trägermedium ist. In diesem Zusammenhang fällt mir ein Experiment mit einer japanischen Affenart ein; dabei lernten einige Affen, Süßkartoffeln in Wasser zu waschen, um den Sand, der an ihnen klebte, zu entfernen. Als nach einer langen Periode, in der die Anzahl der „Kartoffelwäscher" nur langsam zunahm, der hundertste Affe begriffen hatte, was zu tun war, war offenbar die kritische Masse erreicht, woraufhin diese Gewohnheit in kürzester Zeit von der gesamten Kolonie übernommen wurde. Was die Sache noch erstaunlicher erscheinen ließ, war die Tatsache, daß auch Affen auf den benachbarten Inseln von sich aus begonnen hatten, ihre Süßkartoffeln zu waschen, ohne daß jemals ein Affe der Experimentalkolonie zu ihnen gelangt wäre. Man erklärte dies mit der

Theorie der Morphogenetischen Felder, die durch den Biologen Rupert Sheldrake entwickelt wurde.

Es wurden viele weitere Experimente auf diesem Gebiet durchgeführt. Der Mensch hat wahrscheinlich einen Großteil seiner Kommunikationsmöglichkeiten durch die Überentwicklung seines rationalen Verstandes eingebüßt. Es ist schon jämmerlich, daß uns die Affen auf diesem Gebiet weit voraus sind; doch das bedeutet nicht, daß die energetische Verbindung nicht mehr besteht. Wir sind uns dessen lediglich nicht mehr bewußt, so wie wir uns in der Regel auch nicht mehr klarmachen, daß wir mit Tausenden anderen Haushalten in der Stadt verbunden sind, wenn wir einen Wasserhahn in der Küche aufdrehen, ohne daß es irgendwo in der Wasserleitung eine Unterbrechung gibt. Harmonisierung bedeutet für mich, mir dieser Verbundenheit, dieser energetischen Einheit bewußt zu sein. Wenn ich ein Seminar oder eine Vorlesung abhalte, harmonisiere ich mich mit dem Saal, in dem wir sind, mit den Pflanzen und mit den Anwesenden. Im Alltag bedeutet es für mich auch, mir die Einheit mit der Quelle, aus der das gesamte Universum entstanden ist, bewußt zu machen.

Kurz bevor ich begann, das letzte Kapitel dieses Buches zu schreiben, wurde ich von dem jungen brasilianischen Arzt Jean-Claude Obry zu einem Vortrag nach Brüssel eingeladen. Er hatte seine Praxis aufgegeben, da er eine Warteliste von zwei Jahren führte und keinen Sinn mehr in seinem Tun sah. Nach einem Jahr, in dem er Abstand gewonnen und Reisen gemacht hatte, fing er wieder an und baute eine Klinik auf. Inzwischen leitet er acht Kliniken. Der enorme Zustrom von Patienten stellte ihn nun vor ein Problem: Er mußte genügend Ärzte finden, die seine Vision begreifen und in die Praxis umsetzen konnten. Seine Vision bezeichnet er als Quantenheilkunde. Am Abend zuvor hatte ich in Eindhoven einen Vortrag über Pyramiden-Energie gehalten. Ich beginne einen solchen Vortrag meist damit, daß ich meinen Zuhörern etwas über Energien,

Atome und Bewußtsein erzähle. Zu meinem allergrößten Erstaunen begann Dr. Obry seinen Vortrag beinahe wortwörtlich so, wie ich den meinen am Abend zuvor begonnen hatte (und es übrigens schon seit zehn Jahren tue). Er ging in nahezu gleicher Reihenfolge vor und verwendete dieselben Beispiele. Das gab mir selbstverständlich ein gutes Gefühl und ich suchte ihn nach dem Vortrag auf, um ihn zu fragen, ob er vielleicht schon einmal etwas über Pyramiden-Energie gelesen hätte. Er hatte anscheinend tatsächlich sämtliche Bücher gelesen, die zu diesem Thema in Brasilien erschienen waren und kannte daher auch mein Buch über Pyramiden-Energie, das u. a. ins Portugisische übersetzt wurde.

Was für mich jedoch vollkommen neu war, war seine Erklärung, daß der Schlüssel zur spontanen Heilung in bestimmten, erst vor kurzem von der Wissenschaft entdeckten chemischen Substanzen, den sogenannten *Neuropeptiden*, liegt. Neuropeptide sind körpereigene Aminosäuren, die bei der Informationsübertragung im menschlichen Nervensystem eine große Rolle spielen. Allzuviel ist noch nicht über diese Stoffe bekannt, doch laut Dr. Obry sollten bestimmte Peptide in der Lage sein, den menschlichen Organismus zur Heilung anzuregen, indem sie eingeschliffene neuronale Schaltungen umprogrammieren.

Bis heute ist es noch nicht wirklich gelungen, diese Stoffe und ihre genaue Wirkungsweise im Körper zu verfolgen (da sie in nur sehr geringer Konzentration vorhanden sind), doch laut Dr. Obry konnte gezeigt werden, daß ihre Konzentration und Wirksamkeit am größten ist, wenn jemand in einen meditativen Zustand eintritt und ein Gefühl der Einheit mit dem Universum erfährt, mit dem Quell allen Lebens.

Ich beginne jedes Managementtraining, jeden Workshop und jede Vorlesung mit einer gemeinschaftlichen Harmonisierung, weil dies die Qualität der Kommunikation um ein Vielfaches erhöht. Vor allem bei Vorträgen habe ich oft eine Bestätigung dafür erfahren, weil es meistens einige Menschen gibt, die zu spät kommen. Während der Harmonisierungsmeditation lasse ich niemanden in den Raum kommen. Die Zuspätkommenden werden vor dem Saal abgefangen und dürfen erst eintreten, wenn der Vortrag beginnt. Wenn dann nach dem Vortrag Fragen gestellt werden, zeigt sich immer wieder, daß eben diese Menschen zwar die Worte des Vortrags gehört, nicht aber ihre eigentliche Bedeutung erfaßt haben. Das gibt dann häufig Anlaß zur Heiterkeit, weil ich den Anwesenden vor der Harmonisierung erkläre, warum ich das tue. Wenn dann ausgerechnet wieder die Zuspätgekommenen mit ihren Fragen kommen, bringt das oft einige Teilnehmer zum Lachen, weil ich eben dies vorausgesagt hatte.

Weil ich die Harmonisierung und deren Auswirkungen auf die Kommunikation für so wichtig halte, werde ich beschreiben, wie dies in der Praxis vor sich geht. Wenn Sie die folgende Übung verstanden haben und sie mehrmals täglich machen, wird sie zu einer guten Gewohnheit. Sie werden schließlich feststellen, daß das ganze Ritual nur ein paar Sekunden in Anspruch nimmt.

Übung

Bleiben Sie bequem auf Ihrem Stuhl sitzen und stellen Sie Ihre Füße parallel nebeneinander auf den Boden. Daumen und Zeigefinger berühren sich mit leichtem Druck; dies ist Ihr Anker, der es Ihnen erleichtern soll, ganz zur Ruhe zu kommen.

Lenken Sie Ihre Aufmerksamkeit auf Ihre Atmung, spüren Sie, wie Ihr Körper Sie unterstützt, und hören Sie auf die Geräusche innerhalb und außerhalb des Raumes. Spüren Sie, wie Ihr Atem durch die Nase strömt, und achten Sie darauf, ob Sie irgendwo in Ihrem Körper Ihren Herzschlag spüren können. Lösen Sie nun den Kontakt zwischen Daumen und Zeigefinger.

Lenken Sie Ihre Konzentration nunmehr auf Ihre Fußsohlen und stellen Sie sich vor, daß der Mitte Ihrer linken Fußsohle eine Energiespirale entspringt, die Sie durch Ihre Schuhsohlen, den Boden und die Erdkruste hindurch mit dem Zentrum der Erde verbindet.

Wenn Sie das geschafft haben, machen Sie dasselbe mit dem anderen Fuß.

Wenn Sie durch Ihre beiden Füße mit dem Zentrum der Erde verbunden sind, wo die lebenspendende Energie noch am reinsten ist, denken Sie daran, daß jede Zelle in Ihrem Körper aus der Erdenergie entstanden ist und von ihr immerzu genährt und erneuert wird. Die Indianer nannten sie Mutter Erde und waren ihr nicht so fern, wie wir es heute leider sind.

Stellen Sie sich nun vor, daß Sie mit jedem Einatmen durch diese beiden Kanäle Energie nach oben ziehen. Denken Sie dabei an einen Strohhalm, durch den Sie beim Einatmen Wasser hochziehen. Lassen Sie die Energie durch Ihre Füße, Ihre Beine und Ihre Oberschenkel strömen, bis zu der Stelle, an der Ihre Wirbelsäule beginnt. Lassen Sie die beiden Ströme zusammenfließen und an Ihrer Wirbelsäule entlang nach oben, in Ihr Herz strömen.

Dort lassen Sie die Energie als Kugel kreisen und stellen sich vor, daß sie die Farbe Weiß annimmt.

Stellen Sie sich nun vor, daß über Ihrem Kopf eine Kugel aus Licht pulsiert. Dies ist die Manifestation des allerhöchsten Bewußtseins, aus dem das gesamte Universum entstanden ist, der Quell allen Lebens.

Bitten Sie diese Quelle, Ihnen einen Lichtstrahl zu senden, und öffnen Sie sich, um die Energie zu empfangen. Sehen Sie, wie ein Strahl von der Quelle ausgeht und auf Sie zuströmt, durch Ihren Kopf, durch Ihre Halswirbelsäule, bis zu Ihrem Herzen; spüren Sie die Wärme und Entspannung, die er dort auslöst.

Lassen Sie die beiden Energien zusammenfließen zu einer neuen Energieform, und lassen Sie sie wachsen und sich ausdehnen, bis jede Zelle Ihres Körpers davon erfüllt ist. Lassen Sie

sie dann aus Ihrem Körper heraustreten und den gesamten Raum erfüllen. Lassen Sie die Energie jedes Atom im Raum durchdringen.

Nehmen Sie nun die Energie und das Bewußtsein jedes Atoms der Materie um sich herum in sich auf: der Steine, der Haut, der Tische, der Stühle, des Teppichs und was sonst im Raum vorhanden ist. Nehmen Sie all das ganz in Ihr Herz auf, verbinden Sie sich damit, halten Sie es fest und machen Sie sich bewußt, daß Sie wirklich aus demselben Ursprung gekommen sind. Senden Sie dann die Energie und das Bewußtsein in den Raum zurück, als Licht, Liebe und Harmonie.

Machen Sie nun dasselbe mit den Pflanzen und dann mit den Menschen. Nehmen Sie dann das Licht, mit dem Sie den Raum erfüllt haben, wieder in Ihr Herz auf und lassen Sie es dort zu einer pulsierenden Perle zusammenschmelzen. Spüren Sie die Ruhe, die dort nun in Ihnen entsteht.

Wenn Sie die Ruhe wirklich spüren, betrachten Sie nochmals die Lichtperle und sagen zu sich selbst: „Ich bin eins mit allem." Erneuern Sie dann Ihren Ruheanker, indem Sie Daumen und Zeigefinger wieder zusammenlegen.

Sicherlich werden einige Leser bezweifeln, daß dieser gesamte Prozeß irgendwann wirklich in nur wenigen Sekunden durchlaufen werden kann, doch es ist in der Tat möglich, glauben Sie mir. Wenn Sie diese Übung einige dutzendmal durchgeführt haben, führt Ihr Verbündeter, Ihr Unterbewußtsein, diese Übung in einem Atemzug durch, wenn es nötig ist. Die superschnelle Methode ist für plötzlich auftretende Situationen. Es ist jedoch angenehmer und macht mehr Spaß, es langsam zu machen.

Während meiner Seminare führe ich die Übung mit der Gruppe meist in fünf bis zehn Minuten durch, je nachdem, ob es sich um geübte Meditationsschüler oder Anfänger handelt. An einem bestimmten Punkt in Ihrer spirituellen Entwicklung verläßt Sie das Gefühl des Einsseins niemals mehr; dann müssen Sie die Harmonisierung nicht mehr durchführen, da Sie bereits perfekt eingestimmt sind.

Nils, ein Personalchef bei der SAS (derselbe, der mich später mit seinem Freund Tom bekannt machte, der an Krebs im Endstadium litt), kam eines Freitagmorgens auf Empfehlung seiner Frau zu mir. Er kannte mich nicht, und ich kannte ihn nicht. Er erzählte mir, daß er schon länger ein Problem mit sich herumtrug, für das er dringend eine Lösung suchte. Immer wenn er in einer Besprechung war, mit Gesundheitskommitees, Firmen und anderen Institutionen, regte er sich sofort auf, so daß er stets die Stimmung verdarb. So endete beinahe jede Sitzung im Streit. Da er an eben diesem Morgen noch eine wichtige Besprechung hatte, wo über Entlassungen und dergleichen diskutiert werden würde, wollte er von mir eine Methode wissen, wie er ruhig bleiben könnte. Sollte es funktionieren, so versicherte er mir, würde er und möglicherweise noch einige seiner Freunde zu meinem Workshop kommen.

Das einzige, was ich ihn lehrte, war die Harmonisierung. Am Abend desselben Tages kam er mit seiner Frau in meinen Workshop. Der Erfolg der Harmonisierungsübung war unglaublich gut gewesen, besser als er es sich erträumt hatte, doch er hatte sich nicht getraut, seinen Freunden davon zu erzählen, da dies so sehr abwich von allem, was er bisher ausprobiert und gelernt hatte. Meine Methode schien ihm so unwirklich, daß er sich nicht traute, in aller Öffentlichkeit davon zu erzählen. Was ihm so unwirklich schien, ist jedoch wohl das einzig Wesentliche, das er bisher erfahren hatte, da es mehr als nur die Oberfläche erreichte.

Die Harmonisierung ist eine ausgezeichnete Vorbereitung für die vollkommene Kommunikation, weil man dadurch eine Verbindung zwischen Bewußtsein, Unterbewußtsein und Überbewußtsein herstellt. Überdies begibt man sich dadurch auf die Kommunikationsebene seiner Umgebung und seiner

Gesprächspartner. Die Bedeutung der Harmonisierung liegt nicht darin, daß man dadurch Recht behält oder siegt, sondern darin, daß die Kommunikation mit anderen unter möglichst günstigen Umständen verläuft. Recht zu behalten oder zu siegen, ist oft nicht unbedingt das Beste, was einem widerfahren kann.

Nachdem Sie durch eine korrekte Harmonisierung den Weg geebnet haben, können Sie nunmehr an die eigentliche Arbeit gehen und den Rapport herstellen.

Übung

Setzen Sie sich Ihrem Partner gegenüber und spiegeln Sie seine Körperhaltung wider: Setzen Sie sich genauso wie er (oder sie) hin, ahmen Sie die Haltung seiner Arme, seiner Beine, seines Kopfes und seines Rumpfes so genau wie möglich nach. Übernehmen Sie nun auch seinen Atemrhythmus und vergessen Sie nicht, den Überblick zu behalten und sich auf ihn zu konzentrieren.

Achten Sie auf seine Bewegungen. Wenn er sich bewegt, machen Sie die spiegelbildliche Bewegung, aber im Kleinformat. Das sieht beispielsweise so aus: Wenn er seinen rechten Arm schwingt, machen Sie eine kleine, kaum merkliche Bewegung mit Ihrem linken Arm, mit Ihrer linken Hand oder auch nur mit einem Finger der linken Hand.

Beginnen Sie nun ein Gespräch mit Ihrem Partner. Achten Sie dabei auf seinen Sprechrhythmus und seine Art und Weise zu sprechen, seinen Tonfall. Ahmen Sie auch das so gut wie möglich nach. Behalten Sie dabei im Auge, welche Modalität Ihr Gegenüber am häufigsten gebraucht. Betont er das Visuelle, das Akustische oder das Kinästhetische? Passen Sie Ihre eigenen Redegewohnheiten dahingehend an.

Achten Sie auch darauf, ob Ihr Partner eher angepaßt oder unangepaßt ist, ob er zielstrebig oder eher vermeidend handelt.

Wenn Sie all dies gut durchgeführt haben, sind Sie nun „in Rapport“ mit Ihrem Partner. Das ist schon eine besondere Erfahrung, nicht wahr?

Ein solches Maß an Übereinstimmung oder Rapport zu erreichen, ist jedermann möglich. Darüber hinaus gibt es noch eine große Anzahl von Details, an denen man arbeiten kann. Diese Details werden wir noch eingehend behandeln, wenn es an das Modellieren geht.

Weil wir gerade über Begriffe wie Energie, Einssein und Verbundenheit gesprochen haben, sollten wir uns vielleicht mit der Kehrseite der Medaille beschäftigen: mit Bindungen, die man als beengend empfindet. Auf meinen Reisen treffe ich oft auf Menschen, die sich durch andere ausgesaugt fühlen oder an jemandem festhängen, obwohl sie versuchen, von dieser Person loszukommen. Die folgende Übung im nächsten Kapitel stammt von meinem Lehrer Douwe Nuttert. Sie dient der Auflösung von Bindungen, die man als nutzlos oder sogar schlecht und negativ empfindet.

Das Auflösen von Beziehungen

Sehr viele Menschen halten eine Beziehung aufrecht, die sie als unbefriedigend empfinden, die sie aber dennoch nicht beenden können. Trotz der Tatsache, daß sie sich ausgesaugt fühlen, können sie sich nicht vom anderen lösen. Dabei kann es sich um die Eltern, um einen Therapeuten, einen Guru oder um den Lebenspartner handeln. Mindestens ebensoviele Menschen leiden darunter, daß sie die als einengend empfundene Beziehung zwar äußerlich abgebrochen haben (die Beziehung ist beendet), daß sie aber innerlich immer noch an der Person hängen, mit all den widerstreitenden Gefühlen, die das mit sich bringt.

Es sind zwar einige Techniken entwickelt worden, um Menschen in einer solchen Situation zu helfen; aber in der Regel sind diese für die Gegenseite ziemlich grausam. Die Folge davon ist dann auch, daß jemand, der mit Hilfe dieser Methoden eine Beziehung auflösen will, sich fast immer unbewußt dagegen sträubt. Man lebt dann zunächst in der Illusion, daß alles vorbei sei, doch ehe man sich versieht, überfallen einen die alten Gefühle aufs neue.

Wenn noch eine Bindung besteht, bedeutet das, daß es immer noch etwas gibt, was man vom anderen braucht, und umgekehrt, daß der andere noch etwas von einem braucht. Das ist eine nützliche Annahme, mit der wir etwas anfangen können. Wir können nämlich in einer Übung das Bewußte und das Unterbewußte zusammenarbeiten lassen, um das, was wir benötigen, aus einer anderen Quelle zu schöpfen, mit dem Ergebnis, daß wir von der betreffenden Person nicht mehr abhängig sind. Für den anderen tun wir dasselbe. Wir lassen ihm (oder ihr) das, was er (oder sie) von uns benötigt, von einer anderen Quelle als uns selbst zufließen, so daß er (oder sie) nicht mehr deswegen von uns abhängig ist. Am Ende der Übung wird also jeder immer gerade das bekommen, was er (oder sie) benötigt, aber das Bedürfnis, es beim anderen zu suchen, ist verschwunden.

Es bleibt natürlich die Frage, woher wir dann das bekommen, was wir benötigen. Die folgenden Analogien mögen einen Hinweis geben. Wenn wir Durst haben, holen wir uns irgendwo Wasser, und wir schöpfen es so lange, bis unser Bedürfnis gestillt und unser Durst gelöscht ist. Wollen wir etwas lernen, gehen wir in eine Schule, bis wir genug über das, was wir kennenlernen wollen, erfahren haben. Es ist wohl jedem klar, daß es individuelle Unterschiede gibt zwischen dem Zeitpunkt, da man mit dem Lernen beginnt, und dem Punkt, an dem man ausgelernt hat, oder zwischen dem Moment, da man Durst verspürt, und dem Augenblick, in dem man seinen Durst gelöscht hat.

Führen wir den Vergleich weiter, so bedeutet das, daß in unserem Leben irgendwann eine Zeit kommt, wo wir uns im Vergleich zum jetzigen Zeitpunkt weiterentwickelt haben und über Kenntnisse verfügen, die wir jetzt noch nicht haben. Das weiterentwickelte Selbst besitzt also etwas, das wir noch nicht besitzen. Auch wenn wir jetzt noch etwas von jemandem benötigen und uns unbewußt an diese Person klammern, um es von ihr zu bekommen, wird irgendwann einmal der Moment kommen, wo wir gesättigt sind und genug haben. Über die Zukunftszeitlinie können wir dieses weiterentwickelte, gesättigte Selbst auf der unbewußten Ebene erreichen und aus seiner Quelle schöpfen, in der alles vorhanden ist, was wir im Hier und Jetzt benötigen. Auf diese Weise können wir auch die gegenwärtige Abhängigkeit von einem anderen auflösen und müssen eine Beziehung, die sich selbst überlebt hat, nicht länger aufrechterhalten.

Übung

Sie können diese Übung für sich allein durchführen, doch wenn Sie jemanden haben, der Ihnen den Text vorliest, ist es gemütlicher.

Kommen Sie zunächst einmal zur Ruhe; gebrauchen Sie Ihren Anker, achten Sie auf Ihre Atmung, betrachten Sie die Auf- und Abbewegung von Brust und Bauch, stellen Sie die Verbindung zu Ihrem Körper her und hören Sie auf die Geräusche innerhalb und außerhalb des Raumes. Spüren Sie, wie Ruhe in Ihren Körper einkehrt.

Stellen Sie sich nun den Menschen vor, von dem Sie sich lösen wollen. Wir wollen diese Person in der Übung als Ihren Partner bezeichnen. Setzen Sie Ihren Partner in Gedanken drei bis vier Meter vor sich auf eine sich langsam drehende Scheibe, so daß Sie ihn oder sie von allen Seiten sehen können. Auf diese Weise wird eine eingeschränkte Sichtweise verhindert, und Sie sehen Ihren Partner in den richtigen Proportionen.

Wenn er oder sie sich einmal vollständig gedreht hat, so daß sein oder ihr Gesicht Ihnen wieder zugewandt ist, achten Sie auf die Bindungen, die von Ihnen zu ihm oder ihr verlaufen. Bitten Sie Ihr Unterbewußtsein, diese Bindungen sichtbar zu machen. Achten Sie besonders gut darauf, welche Teile Ihres Körpers sich bewegen und welchen Körperteilen Ihres Partners sie sich zuwenden. Beachten Sie die Farbe dieser Bindungen oder Energieströme und fragen Sie sich, was jede einzelne Farbe für eine Bedeutung hat, so daß Sie eine Vorstellung davon bekommen, was Sie von Ihrem Partner noch benötigen. Schreiben Sie alles sorgfältig auf.

Bitten Sie nun Ihr Unterbewußtsein, auf der Zeitlinie Ihrer Zukunft Ihr weiterentwickeltes „Quellenselbst" erscheinen zu lassen. Verbinden Sie nun dieselben Energiebahnen, mit denselben Farben und von denselben Stellen Ihres Körpers aus mit Ihrem „Quellen-Selbst", und zwar an den gleichen Körperteilen, an denen sie zuvor bei Ihrem Partner ansetzten. Lassen Sie nun ganz bewußt all das, was Sie von Ihrem Partner noch brauchen, von Ihrem „Quellenselbst" aus in sich einfließen.

Warten Sie solange, bis Sie die das sichere Gefühl haben, daß der Kontakt vollständig zustandegekommen ist, daß Sie alles, was Sie benötigen, in sich aufgenommen haben und daß Sie für den Moment vollkommen befriedigt sind. Integrieren Sie dann Ihr „Quellenselbst" in Ihre Persönlichkeit, vereinigen Sie sich mit ihm, so daß sich dieser Prozeß von jetzt an von innen heraus vollziehen kann und Sie von nun an von Ihrem weiterentwikkelten Selbst alles bekommen, was Sie noch von Ihrem Partner brauchen werden.

Nachdem Sie Ihr „Quellenselbst" integriert haben, betrachten Sie Ihren Partner aufs neue und lassen an seiner oder ihrer rechten Seite sein oder ihr weiterentwickeltes Selbst erscheinen. Lassen Sie nun auf dieselbe Art und Weise wie oben die Energiebahnen Ihres Partners, die bis jetzt mit Ihnen verbunden waren, zu seinem oder ihrem „Quellenselbst" verlaufen. Wenn Ihr Partner einen vollständigen Kontakt mit seiner Quelle aufgebaut hat und wenn Sie glauben, daß Ihrem Partner alles Notwendige aus seiner eigenen Quelle zugeflossen ist, lassen Sie den Partner sich mit seiner Quelle vereinigen, so daß auch er oder sie fortan alles aus sich selbst schöpfen kann, anstatt es sich bei Ihnen zu holen.

Wenn das geschehen ist, betrachten Sie nochmals die Bindungen und Energieströme, die zwischen Ihnen und Ihrem Partner verlaufen, und achten darauf, was mit ihnen passiert. Wenn sie nicht schon dabei sind, sich von selbst aufzulösen, lenken Sie ein weißgoldenes Licht durch sie hindurch, das sie langsam auflöst. Sprechen Sie dabei still einen Satz wie: „Hiermit mache ich dich frei von mir und befreie mich selbst von dir. Es wird dir guttun." Spüren Sie dabei die Freiheit und Unabhängigkeit, die Sie nun haben. Taucht dieses Gefühl noch nicht auf, verbinden Sie diesen Augenblick mit einem Gefühl von Freiheit, das Sie irgendwann einmal verspürt haben.

Ich habe diese Übung schon ein paarmal, in den unterschiedlichsten Bereichen (Beziehungen zwischen Menschen untereinander, zwischen Menschen und Tieren, zwischen Menschen und Situationen) durchgeführt, und sie funktionierte jedesmal sehr gut. Überdies ist sie auch partnerfreundlich und schadet dem Karma nicht.

Nur ein einziges Mal ist etwas schief gelaufen. Es handelte sich um einen merkwürdigen Fall, in dem ein Fluch ausgesprochen wurde, in dessen Folge über zehn schwere Unglücksfälle eingetroffen waren. Die beiden Hauptpersonen hatten ein leidenschaftliches Verhältnis miteinander gehabt, mit richtigen Dallas-Intrigen im Gefolge. Überdies gehörten die betroffenen Parteien den höchsten sozialen Kreisen an. Am Tag, nachdem ich mit einem von beiden das Lösungsritual durchgeführt hatte, traf die Frau, die meine Hilfe gesucht hatte, den Mann, um ihn zu fragen, wie es ihm ginge. Er berichtete ihr, daß ihn tags zuvor etwa um vier Uhr ein eigenartiges Zittern überkommen hätte. Er hatte gleich ein Krankenhaus aufgesucht und sich untersuchen lassen, weil er fürchtete, daß er etwas am Herzen haben könnte. Die Ärzte hatten nichts gefunden, und das Zittern war im Laufe des Abends von selbst wieder verschwunden. Die Begegnung zwischen den beiden war in aller Ruhe verlaufen.

Die Übung hatte also sehr gut gewirkt und anscheinend auch sehr direkt, denn es war in der Tat gegen vier Uhr gewesen, als wir die Übung ausgeführt hatten. Lediglich die Tatsache, daß der Partner dabei eine merkwürdige Empfindung gehabt hatte, offenbarte, daß etwas schief gelaufen war. Es handelte sich aber auch um eine Angelegenheit von Intrigen, Emotionen und Finanzen, genug um ein ganzes Buch darüber zu schreiben, und vielleicht hatten wir uns einfach nicht genug Zeit genommen, die äußerst starken emotionalen Energien auf die Quelle zu übertragen.

Nach einer solchen Übung kommt es häufig vor, daß der andere wieder Verbindung mit Ihnen aufnimmt oder daß Sie ihm begegnen und er Sie wissen läßt, daß er an Sie gedacht hat. Und so sehe ich denn immer wieder, daß es mehr Dinge zwischen

Himmel und Erde gibt, als wir mit unseren Sinnesorganen wahrnehmen können; und das sind die „Dinge, die den Menschen seltsam scheinen", wie es der Komiker Paul van Vliet formulierte.

Modellieren – der kürzere Weg

Das ganze Leben ist ein Lernprozeß. Letztendlich ist das Leben um uns herum eine Manifestation dessen, was in uns lebt. Was in uns lebt, ist die Folge dessen, was durch unsere Erfahrungen in uns hineingelangt ist. Die Erfahrungen haben unsere Meinungen und Einstellungen geformt und verstärkt, und mit unseren Meinungen und Einstellungen betrachten wir die Welt und schaffen uns unser eigenes Schicksal. Man kann es auch anders ausdrücken: Durch die Überzeugungen, die im Laufe unseres Lebens entstanden sind, ziehen wir wie ein Magnet all die Ereignisse an, die zu unseren Überzeugungen (aus der Vergangenheit) passen. Das ist das, was man Karma nennen kann. Man zieht diejenigen Dinge an, die zum eigenen Karma passen.

Wenn der Sinn des Lebens darin besteht, die Harmonie mit dem Quell des Lebens zu erreichen, dann bedeutet das, daß wir unsere Einstellungen, die uns dabei im Wege stehen, transformieren müssen. Die Dinge zu bereinigen, die uns in unserem Wachstum behindern, heißt auch, unser Karma zu bereinigen. Meist tun wir dies, indem wir in beinahe endlosen Wiederholungen dieselben Muster abspulen und dieselben „Fehler" machen, wobei wir immer wieder denselben Dingen begegnen beziehungsweise diese Dinge anziehen.

Diese schier endlose Kette des Anziehens von Ereignissen, die wieder dieselben Ereignisse anziehen, ohne daß sich viel verändert, ist der lange Weg. Manche Menschen „glauben" vielleicht aufgrund ihres Weltbildes, daß dies für sie der beste Weg ist, weil wir die Ewigkeit noch vor uns haben (und auch hinter uns).

Wer schneller zu diesem Ziel der Harmonie gelangen will, und vor allem bereits in diesem Leben, vielleicht sogar schon dieses Jahr, wer Freude und Befriedigung genießen will, kann den kürzeren Weg gehen, den Weg der Transformation der hinderlichen Einstellungen. Dieser kürzere Weg heißt *Modellieren.*

Das Modellieren ist der kürzere Weg zur Verwirklichung all Ihrer Träume, was immer diese auch sein mögen: Erfolg, persönliche Vervollkommnung oder die Entwicklung bestimmter Qualitäten. Wie machen Sie das? Das Prinzip ist äußerst einfach, wie bei allen wahren Dingen.

Sie suchen sich jemanden, der die Eigenschaften, Fähigkeiten oder Qualitäten entwickelt hat, die Sie sich zu eigen machen wollen, jemanden, der auf dem Gebiet, das Sie anstreben, ein Leben führt, wie Sie es führen wollen, der den Erfolg erreicht hat, der Ihnen vorschwebt. Eine Person, die auf einem bestimmten Gebiet erfolgreich ist, hat die richtige Einstellung und die richtigen Kriterien, kurz: Sie hat die richtige Strategie entwickelt, um sich in diesem Kontext selbst zu motivieren. Es kann natürlich sein, daß dieser Mensch nur in einem Bereich die gewünschten Qualitäten aufweist und auf einem anderen Gebiet in Ihren Augen (v) völlig danebenliegt (k). Ein erfolgreicher Sportler kann selbstverständlich ein schlechter Ehemann sein, zumindest nach Ihrem Weltbild. Wir müssen unsere Modellperson also gründlich studieren, auf vielen Gebieten, denn wenn wir uns entscheiden, unserem Unterbewußtsein dieselben Kriterien, Einstellungen und Strategien mitzugeben, die unser Modell eingesetzt hat, werden wir auch die entsprechenden Ereignisse und Zusammenhänge anziehen. Denn ob man einen Magneten nun auf einen Tisch oder auf einen Stuhl legt – es ändert nichts an seiner Anziehungskraft. Einstellungen in Ihrem Unterbewußtsein werden dieselben Ereignisse anziehen wie dieselben Einstellungen im Unterbewußtsein eines anderen.

Wenn wir etwas mit Erfolg getan haben, so haben wir es aus einer bestimmten Stimmung heraus getan; wir haben dabei eine bestimmte Strategie verfolgt, sind mit einer bestimmten Einstellung an die Sache gegangen, haben dabei ein bestimmtes

Gefühl gehabt, unser Körper hat eine bestimmte Haltung eingenommen, und vielleicht haben wir unterbewußt eine Gebärde des Triumphes gemacht (eine Verankerung hergestellt). Wir haben es auch geschafft, weil wir auf diesem Gebiet bestimmte Qualitäten entwickelt haben.

Ihr Modell verwendet auf seine besondere Weise dieselben Elemente wie Sie. Angenommen Ihr Modell hat Erfolg auf einem Gebiet, auf dem Sie noch keinen Erfolg haben, so zeigt das, daß es die notwendige Einstellung besitzt, eine effiziente Strategie, die richtige Stimmung, und daß es durch die Wiederholung dieses Prozesses die notwendige Fähigkeit erworben hat. Wie finden Sie nun heraus, wie diese Einstellung aussieht?

Fragen Sie nach: „Was muß diese Person glauben, um das tun zu können, was sie tut? Was muß sie glauben, um zu sagen, was sie sagt?" Bedenken Sie dabei jedoch, daß es interessanter ist, zu betrachten, was sie tut, als was sie sagt. Bleiben Sie nicht bei der ersten Antwort stehen, die in Ihrem Inneren auftaucht, sondern gehen Sie tiefer und fragen Sie nach, wodurch Sie auf eine höhere Ebene kommen können, aber achten Sie vor allem auf die Ergebnisse im Leben Ihres gewählten Modells.

Bei einem Workshop, den ich in Norwegen abhielt, befand sich unter den Teilnehmern eine sehr erfolgreiche Pop-Sängerin, Inger Lise Rypdal. Sie hatte soeben eine Auszeichnung als beste norwegische Künstlerin erhalten; überdies hatte sie eine eigene Show im Fernsehen und wirkte in zahlreichen internationalen Filmen mit. Ich wohnte in ihrem Landhaus mit einem herrlichen Ausblick auf einen Fjord. Während des gemeinsamen Essens erzählte sie mir, daß Erfolg sie nie interessiert habe. Ich machte sie höflich darauf aufmerksam, das dies eine Lüge sei. An meinem Tonfall konnte sie erkennen, daß meine Absicht positiv war. Ich bekam also keinen norwegischen Teller an den Kopf geworfen, wohl aber einen erstaunten Blick, der fragte, was ich wohl damit meinte. Ich sagte ihr, sie sollte dann doch, wenn sie kein Interesse am Erfolg hätte, anonym in einem

Häuschen wohnen, in Übereinstimmung mit ihrem Glauben. Angesichts der Ergebnisse ihres Erfolges, die überall um sie herum zu sehen waren, konnte ich ohne weiteres schließen, daß ihr Magnet auf Erfolg eingestellt war. Sie dachte eine Weile darüber nach und verbesserte sich: „Ich liebe den Erfolg schon, aber ich hänge nicht an ihm." Dem konnte ich zustimmen, da sie während des Workshops zu keiner Zeit irgendeinen Versuch gemacht hatte, die Aufmerksamkeit auf sich zu lenken, und sich sehr intensiv am Workshop beteiligte.

Es stellt sich also immer die Frage, von welchem Glauben oder welcher Einstellung sich eine Person leiten läßt, auch wenn sie sich selbst darüber nicht im klaren ist. Was muß jemand glauben, um zu sagen, was er sagt, um zu denken, was er denkt, und um zu tun, was er tut? Denken Sie einmal nach: Was soll jemand glauben, der diese Art von Erfolg hat? Zum Beispiel: „Erfolg ist wichtig." Was soll er glauben, um Erfolg wichtig zu finden? Zum Beispiel: „Wenn man Erfolg hat, hat man etwas erreicht im Leben." Was soll er glauben, um etwas im Leben zu erreichen? Zum Beispiel: „Was ich zu bieten habe, ist der Mühe wert." Was soll er glauben, um das zu sagen und zu tun? Zum Beispiel: „Ich bin es wert."

Solche positiven Einstellungen bilden eine gute Grundlage, um ein gestecktes Ziel zu erreichen. Es ist geradezu grotesk, sich zu überlegen, ob man auch erfolgreich sein kann, wenn man von der entgegengesetzten Einstellung ausgeht, beispielsweise: „Ich habe nichts zu bieten, ich bin es nicht wert." Wie wird dann wohl Ihr Erfolg ausfallen? Wenn Sie mit der Einstellung „ich kann das nicht" leben, verschließen Sie sich all Ihren Möglichkeiten und Hilfsquellen und öffnen stattdessen all Ihre Kanäle dem Versagen. *Sie selbst* sind Meister Ihres Geschickes und erreichen immer genau das, was Sie sich zum Ziel gesetzt haben; in diesem Fall: zu beweisen, daß Sie es nicht können.

Eine nützliche Methode, um dahinterzukommen, weshalb man keinen Erfolg hat, ist, sich zu fragen: „Was muß ich glauben, um so erfolglos zu sein?" Wenn Sie die Antwort darauf gefunden haben, stellt sich die folgende Frage: „Was sollte ich dann wohl besser glauben?" Haben Sie das erst einmal herausgefunden, können Sie sich ein Modell suchen, das diesen besseren Glauben bereits in der Realität umgesetzt hat. Wenn Sie meinen, die Einstellung Ihres Modells gefunden zu haben, sollten Sie untersuchen, wie seine Strategie, das Ziel zu erreichen, aussieht. Studieren Sie in Büchern oder Gesprächen, wie und in welcher Reihenfolge Ihr Modell gedanklich vorgeht. Richten Sie dann Ihr Augenmerk darauf, in welcher Stimmung Ihr Modell seine erfolgreichen Unternehmungen durchführt.

Beim Modellieren ist es auch sehr wichtig, daß Sie die Körperhaltung Ihres Modells, sein Gebaren, seine Gesten, seine Art zu gehen und sich fortzubewegen, die Bewegungen seines Körpers und seine Art und Weise zu sprechen (Sprechtempo, Pausen, Tonfall, sanfte oder harte Stimme) übernehmen. Vergessen Sie nicht, daß die Sprechweise bestimmte Verankerungen bei Ihnen selbst und bei anderen löst und korrespondierende Gefühle hervorruft. Das Studium der Körperhaltung und der Körpersprache Ihres Modells ist von grundlegender Bedeutung, da es ein vollständiges Bild des Gemütszustandes vermittelt, aus dem heraus Ihr Modell erfolgreich ist. Die Sprache des Körpers ist eine Methode des Unterbewußtseins, um die Stimmungslage auszudrücken oder zu verstärken. Interessanterweise funktioniert das auch umgekehrt. Wenn Sie die Körperhaltung, die Bewegungen und die Gebärden Ihres Modells imitieren, ruft das auch in Ihnen die entsprechende Stimmungslage hervor. Sie mobilisieren damit nämlich in Ihrem Unterbewußtsein die Fähigkeit, Stimmungen zu produzieren.

Achten Sie einmal darauf, wie Ihr Körper Ihnen hilft, wenn Sie ganz allein zu Hause sitzen und in einer depressiven Phase sind:

- Ihre Schultern fallen nach vorn, wodurch Ihre Atmung flacher und oberflächlicher wird. Dadurch erhalten Sie weniger

Sauerstoff und einige Organe arbeiten langsamer. Auch Ihr Gehirn bekommt weniger Sauerstoff.

- Sie lassen den Kopf hängen, wodurch der aufwärtsgerichtete Energiefluß erschwert wird. Auf einer anderen Ebene lösen Sie einige Verankerungen in sich, die in Verbindung mit gebeugten Häuptern stehen: Gefühle der Unterwürfigkeit, der Ohnmacht, der Armseligkeit, der Unterdrücktheit, der Hilflosigkeit, der Unterordnung und der Erfolglosigkeit werden auf diese Art und Weise aufgerufen, kommen Ihrer depressiven Stimmung zu Hilfe und verstärken sie.
- Sie richten Ihren Blick nach unten, wodurch Ihre Augen sich auf die Gefühlszone konzentrieren (kinästhetisch: rechts unten, akustisch: links unten). Das macht es möglich, daß Sie in den eigenen Gefühlen versinken (so schlimm das auch immer wieder ist), und öffnet die Tür für einen inneren Dialog, in dem Sie sich selbst immer wieder sagen, was Sie doch alles mitmachen (buchstäblich *mit*-machen; denn Sie wirken durchaus mit an der Enstehung Ihrer Leiden). Durch den gesenkten Blick schränken Sie außerdem auch Ihr Gesichtsfeld ein und verschließen sich damit den Informationen der Außenwelt. Auf diese Art und Weise werden Sie wohl weiterhin in Ihrem Saft schmoren.

Im Gegensatz dazu sollten Sie einmal darauf achten, was geschieht, wenn Sie sich aufrecht hinstellen, Ihren Brustkorb weiten, Ihre Schultern gerade halten, dabei in vollen Zügen Sauerstoff einatmen und Ihren Blick nach oben richten. Es ist geradezu unmöglich, in einer schlechten Stimmung zu verharren, wenn man so steht, denn:

- Das aufrechte Stehen gibt Ihren Lungen Raum zum Atmen, der zusätzliche Sauerstoff gibt all Ihren Organen neue Energie, damit sie ihre ganze Kraft entfalten können und bereit für Aktivitäten sind; Ihr Gehirn bekommt genügend Sauerstoff und wird angeregt. Aufrecht zu stehen und den Kopf nach oben zu richten, löst eine Reihe von Verankerungen in

Ihnen: Stolz, Kraft, Zielgerichtetheit, Optimismus, Voraussicht, Wachstum, Entschlossenheit, Unternehmungsgeist und Erfolg.

- Mit den Augen gelangen Sie in die visuelle Zone, so daß Sie aus Ihren negativen Gefühlen geholt werden und sich Bilder aus den Erinnerungen schaffen können, die in Verbindung mit Ihrer Körperhaltung stehen; aus diesen können Sie sich dann neue Bilder für Ihre unmittelbare Zukunft konstruieren. Überdies empfangen Sie eine Menge neuer Sinnesreize durch Ihre panoramische Sicht, wodurch Ihre Aufmerksamkeit nach außen gelenkt wird.

Auf diese Weise erhalten Sie Zugang zu allen Fähigkeiten und Quellen, über die Sie verfügen, um das erwartete Resultat, das durch Ihre Körperhaltung suggeriert wird, zu verwirklichen. Der schnellste Weg zu einer Veränderung des Gemütszustandes führt über die Körperhaltung.

Um auf das Modellieren zurückzukommen: Sie machen also zunächst eine Bestandsaufnahme von Ihrem Modell, indem Sie sich ansehen, wie er oder sie etwas tut.

Setzen Sie sich dann ruhig hin und sagen Sie Ihrem Unterbewußtsein, daß Sie diese Qualitäten anstreben und von Ihrem gewählten Modell übernehmen wollen. Achten Sie darauf, daß Ihr Unterbewußtsein nur diejenigen Dinge übernimmt, die Ihnen nicht schaden können. Wer weiß, welche verborgenen Probleme unser Modell auf anderen Gebieten hat; und die können Sie sicherlich nicht gebrauchen. Machen Sie sich daher ein Bild von Ihrem Modell in einem herausragenden Augenblick. Harmonisieren Sie sich mit Ihrer Umgebung, mit den Pflanzen und Tieren um sich herum, aber vor allem mit Ihrem Modell. Nehmen Sie das Bewußtsein dieser Person völlig in sich auf und fühlen Sie selektiv das, was Ihr Modell in diesem erfolgreichen Moment fühlt. Schicken Sie diese Stimmung anschließend in Form von Licht, Liebe und Sympathie zurück.

Stellen Sie sich dann vor, daß Sie vollkommen mit dem anderen verschmelzen; nehmen Sie seine Körperhaltung ein und fühlen Sie, wie sich das anfühlt; rufen Sie dann dieselbe Stimmung in sich selbst hervor, sprechen Sie auf dieselbe Weise wie Ihr Modell, und Sie werden sich sofort ganz anders fühlen. Sprechen Sie dann laut die Einstellungen aus, die Ihr Modell in sich trägt, und achten Sie gut darauf, ob Sie sich wirklich wohl dabei fühlen. Stehen Sie auf und gehen Sie umher, als ob Sie in Ihrem Modell steckten.

Setzen Sie sich nun wieder hin und kommen Sie zu sich selbst zurück, wobei Sie all die Qualitäten mit sich nehmen, die Sie zum Erreichen Ihres Zieles benötigen. Wenn Ihnen das nicht ganz gelingt, tun Sie so, als sei es Ihnen vollkommen gelungen. Wenn Sie Ihr Modell kennen, setzen Sie dieselbe Strategie ein, um sich zu motivieren.

Stellen Sie sich Ihr Modell nun in einer Situation vor, in der es die Fähigkeit einsetzt, die Sie in diesem Kontext anstreben. Nehmen Sie seinen Platz ein und betrachten Sie die Situation mit Ihren eigenen Augen, ganz als ob Sie selbst diese Situation erlebten. Achten Sie genau darauf, was Sie jetzt fühlen, hören und sehen. Gestalten Sie die Situation farbenfroher und kräftiger, indem Sie Gebrauch von allen visuellen, akustischen und kinästhetischen Submodalitäten machen, die Sie mittlerweile kennen.

Wenn Sie das geschafft haben, liegen Sie absolut auf der richtigen Linie, um die spezifischen Qualitäten Ihres Modells zu übernehmen und sich zu eigen zu machen. Bedenken Sie, daß Sie Ihrem Modell nichts wegnehmen; im Gegenteil: Sie erweisen ihm eine Ehre, indem Sie es sich zum Vorbild nehmen. Wenn Sie auf Widerstände stoßen und die Einstellungen Ihres Modells nicht voll und ganz übernehmen können, sollten Sie Ihren eigenen tieferen Überzeugungen besondere Aufmerksamkeit widmen. Im folgenden Kapitel werden wir uns damit beschäftigen.

Das Einpflanzen einer neuen Einstellung muß sehr nachdrücklich geschehen und ist etwas umständlicher als die vorausgegangenen Übungen. Es ist auch ein Glück, daß Ihre alten Einstellungen so zähe Burschen sind, die nicht so leicht aufgeben, denn sie haben durch ihre Zähigkeit für Stabilität in Ihrem Leben gesorgt. Wenn Sie mit jedem Schwärmer mitlaufen würden, der meint, sein Modell der Welt sei das einzig mögliche und wahre, würden Sie eine Woche lang den überzeugten Einsiedler spielen, die Woche darauf ein Geschäftsmann sein, in der folgenden Woche ein Popstar werden wollen und nächste Woche jedem, der nicht mit Ihnen zu einer Meditationsgruppe gehen möchte, eine Ohrfeige verpassen.

Alte Einstellungen können aber auch sehr schädlich sein und Krankheiten und Mißerfolge verursachen, wenn sie nicht mehr der Zeit und den Umständen, in denen wir leben, angemessen sind. Deshalb ist es gut herauszufinden, was Sie in Ihrem Wachstum behindert; denn Sie müssen wachsen wollen, um erfolgreich zu sein oder neue Ideen verwirklichen zu können. Das gilt insbesondere auch für die schätzungsweise dreißigtausend New Age-Anhänger, denen ich im Laufe von zwölf Jahren in Belgien, den Niederlanden und Norwegen begegnet bin und die ich mit den schönen neuen Idealen ringen sah, die Ost und West zusammengebracht haben. Das gilt ebenso für die schätzungsweise dreihunderttausend Leser meiner Bücher, von denen ich manchmal Dankesbriefe erhalte, manchmal jedoch auch Fragen und Lebensgeschichten, durch die sich ein leidvoller roter Faden zieht. Es gilt auch für all jene, bei denen positive Gedanken nicht wirken, obwohl sie sich doch bis zum Erbrechen Affirmationen vorsagen, und natürlich auch für diejenigen, die in ihrem Leben Hervorragendes erreichen wollen. Für alle Leser, die die Qualität ihres Lebens verbessern wollen, folgt nun das ultimative Kapitel.

Einstellungen anpassen und transformieren

Unsere Einstellungen bilden die Grundlage für unser Denken und Handeln. Wir schaffen uns ein Modell der Welt, das durch eben diese Einstellungen gefiltert und eingefärbt wird. Wünschen wir uns eine andere Welt und andere Umstände für uns selbst, so müssen wir etwas an unseren Einstellungen verändern, diesen Weggefährten, die unwandelbar und unerschütterlich das Leben geschaffen haben, das wir uns unterbewußt wünschten. Aus den Tiefen unseres Unterbewußtseins heraus haben sie unser Leben geformt. Während wir hier oben mit unserem rationalen Verstand schöne Pläne entwarfen, gingen sie wie gewohnt vor, wenn ihnen nicht gerade ein persönliches Drama oder ein welterschütterndes Ereignis dann und wann andere, weiterführende Einsichten brachte.

Was ist denn nun eigentlich eine Einstellung? Eine Einstellung ist eine generalisierte Vorstellung von uns selbst und/oder von der Welt, die es uns ermöglicht, ein wichtiges Kriterium zu verwirklichen oder aber zu vermeiden. Dafür möchte ich ein Beispiel anführen. Stellen Sie sich vor, daß Sie sich das Ziel gesetzt haben, Harmonie zu erreichen, weil Sie dies für sehr wichtig halten (Kriterium), aber Sie haben die alte Einstellung, daß ein Mensch nur durch schmerzhafte und leidvolle Erfahrungen glücklich werden kann. Wenn dieses Kriterium und diese Einstellung gleichzeitig Ihr Leben bestimmen, wird Ihnen die Harmonie, die Sie suchen, immer wieder entgleiten, auch wenn Sie alles getan haben, um sie zu erreichen. Ihre unbewußte Einstellung hindert Sie daran, Ihr Kriterium zu verwirklichen.

Nehmen wir ein anderes Beispiel. Ihr Ziel (Harmonie) und Ihr Kriterium (Harmonie ist für Ihr Leben wichtig) sind immer noch dieselben, doch Ihre Einstellung ist nunmehr: „Ich bin ein Teil des großen Ganzen." Unterstützt durch diese Einstellung in Ihrem Unterbewußtsein, werden Sie überall die Einheit und die Harmonie erfahren und ihre Manifestationen erkennen.

Wie können Sie nun die Einstellungen aufdecken, die Sie behindern? Dazu müssen Sie zunächst einmal wissen, wie Ihre verborgenen Einstellungen aussehen. Diese Einstellungen können Sie an die Oberfläche Ihres Bewußtseins holen, indem Sie sich eine Reihe von Fragen stellen, die alle möglichen Themen betreffen, unter anderem auch die bereits bekannte Frage: „Was muß ich für wahr halten oder glauben, um dies oder das zu behaupten?"

Denken Sie dabei an einen Kontext, in dem Sie in Ihren Möglichkeiten eingeschränkt sind, an ein Gebiet, auf dem Sie immer wieder auf Grund laufen, auf dem Sie etwas erreichen wollen, es aber nicht können, oder an einen Kontext, in dem Sie sich anders verhalten wollen, ohne daß es Ihnen wirklich gelingt. Holen Sie sich diesen Kontext oder diese Situation ins Bewußtsein und vervollständigen Sie dann die folgenden Sätze:
Für den Menschen ist es wichtig ...
Für den Menschen ist es falsch ...
Die Menschen sollten ...

Beschreiben Sie nun für dieselbe Situation:
Einen Erfolg und einen Mißerfolg.
Ein Verhalten, das Sie als hinderlich ansehen.

Beschreiben Sie nun drei positive und drei negative Gefühle, die Sie regelmäßig haben, und betrachten Sie sie im Zusammenhang mit den Beispielen. Beschreiben Sie, wie Sie in diesem Kontext ein Ziel erreichen.

Beantworten Sie auch noch die folgenden Fragen:
In welcher Hinsicht will ich etwas verändern?
Was hält mich davon ab?
Was wünsche ich mir noch, und was habe ich bereits?
Wer bin ich? Wie sollte ich sein? Wie möchte ich gerne sein?

Beschreiben Sie in demselben Kontext, wie Sie sich selbst motivieren, einschätzen und/oder bewerten.

Stellen Sie sich dann vor, daß jetzt eine Person zu Ihnen kommt, jemand, den Sie nicht kennen und der Sie bittet, ihm bei der Lösung eines persönlichen Problems behilflich zu sein. Diese Person gibt Ihnen die Liste mit den Antworten, die Sie zuvor selbst aufgeschrieben haben, und fragt Sie, ob Sie die zugrundeliegenden Einstellungen daraus erkennen können. Da Sie gerade ein ganzes Buch darüber gelesen haben, bejahen Sie dies selbstsicher und fragen sich, wie der Fremdling wohl sich selbst und die Welt sieht, um zu den Antworten zu gelangen, die auf der Liste stehen. Achten Sie darauf, in demselben Kontext zu bleiben.

Überlegen Sie, wägen Sie ab und verändern Sie Ihre Überlegungen so lange, bis Sie zufrieden sind. Wenn Sie auf eine wichtige Einstellung stoßen, die für diese Person ein Hindernis darstellt, so zu sein, wie sie sein möchte, dann schreiben Sie sie auf.

Fragen Sie sich dann, welche andere Einstellung an deren Stelle treten könnte,die nützlicher und effizienter ist, um das gesteckte Ziel zu erreichen. Sorgen Sie dafür, daß die neue Einstellung alle Vorteile der alten beinhaltet, und daß Sie ihr neue hinzufügen, die es der betreffenden Person ermöglichen, ihr Ziel zu erreichen.

Stellen Sie sich dann die folgende Frage: „Wenn ich all das nicht für diese fremde Person getan hätte, sondern für mich selbst, wie würde sich dies dann für mich anfühlen?" Formulieren Sie diese Frage dann so um, daß Sie eine positive Version erhalten, die kurz und aussagekräftig für Sie ist.

Prüfen Sie dann für sich die ökologische Haltbarkeit dieser neuen Einstellung. Tun Sie so, als ob Sie diese Einstellung bereits hätten, und betrachten Sie eine zukünftige Situation in diesem Kontext. Achten Sie darauf, ob die neue Einstellung auch in anderen Lebensbereichen verantwortbar ist. Wenn etwas nicht in Ordnung ist, passen Sie die neue Einstellung den Gegebenheiten an. Verfeinern Sie Ihre neue Einstellung so lange, bis alles stimmt. Manchmal mag es notwendig sein, eine Nacht darüber zu schlafen, um die kürzeste Formulierung zu finden.

Vielleicht haben Sie schon früher einmal die tiefgreifende Veränderung einer Einstellung erlebt, die Sie lange Zeit gehegt und gepflegt hatten, zum Beispiel aufgrund eines Ereignisses, das Ihnen deutlich und unmißverständlich zeigte, daß Ihre Einstellung verkehrt war. Stellen Sie sich vor, Sie wären stets davon überzeugt gewesen, Ihr Nachbar sei ein feiner, zartfühlender Mensch und ein liebevoller und vorbildlicher Ehemann. Eines Abends schauen Sie dann bei ihm vorbei, um sich ein paar Fläschchen Bier zu leihen, da Sie unerwarteten Besuch bekommen haben und der vorherige unerwartete Besuch Ihr ganzes Bier getrunken hat. Sie kommen am Fenster Ihres Nachbarn vorbei und sehen, wie er gerade seine Frau brutal verprügelt. Es ist nicht unwahrscheinlich, daß Sie daraufhin Ihre Meinung bezüglich Ihres Nachbarn korrigieren. Wenn Sie einmal eine solche Meinungsänderung durchgemacht haben, egal auf welchem Gebiet – Politik, Soziales, Medizin, Beruf, Finanzen, Religion, Spiritualität oder Beziehungen -, erinnern Sie sich wohl auch, wie das vonstatten gegangen ist. Bedenken Sie auch, welche Kriterien sich mitveränderten.

Um die alte Einstellung zu verändern, ist es notwendig, ein paar Beispiele für die entgegengesetzte Einstellung parat zu haben, zum Beispiel von Ereignissen, die Ihnen den Beweis lieferten, daß das Gegenteil von dem, was Sie glaubten, zutraf.

Sie haben nun eine neue Einstellung. Um sicherzugehen, daß Sie keine Schwierigkeiten bei Ihrer Umfeldkontrolle übersehen haben, müssen Sie noch das Folgende tun: Ziehen Sie auf einem großen Blatt Papier eine Linie von oben nach unten, die das Blatt in zwei Hälften teilt. Schreiben Sie Ihre neue, kurz und kraftvoll formulierte Einstellung auf die linke Seite des Blattes und achten Sie darauf, daß Sie die Mittellinie nicht überschreiten. Unmittelbar nachdem Sie sie aufgeschrieben haben, notieren Sie auf der rechten Seite Ihre Reaktionen auf diese neue Einstellung. Versuchen Sie nicht nachzudenken, sondern schreiben Sie auf, was Ihnen spontan einfällt. Legen Sie nun eine kurze Pause ein und schreiben Sie dann nochmals dieselbe Einstellung unter die erste. Schreiben Sie wiederum unmittelbar danach Ihre Reaktionen auf der rechten Seite auf. Diese Reaktionen können durchaus von den vorherigen verschieden sein. Wiederholen Sie den ganzen Vorgang insgesamt einundzwanzigmal und sehen Sie, ob bestimmte Schwierigkeiten auftauchen. Anhand dieser Schwierigkeiten können Sie dann Ihre Formulierung berichtigen und ihr bestimmte Elemente hinzufügen oder etwas weglassen.

Damit haben Sie für heute genug gearbeitet. Lassen Sie das Ganze ruhig in sich eindringen und schlafen Sie eine Nacht darüber. Schließlich haben Sie die alte Einstellung jahrelang mit sich herumgeschleppt; auf diese eine Nacht sollte es also auch nicht mehr ankommen.

Betrachten Sie am folgenden Tag die verfeinerte, kurz und kraftvoll formulierte Einstellung, und sprechen Sie sie einige Male laut aus. Hören Sie, ob sie gut klingt, und spüren Sie, ob sie zu Ihnen paßt. Haben Sie auch diese Hürde genommen, dann kann die eigentliche Implantation beginnen.

Die erste Phase

1 Denken Sie an Ihre alte Einstellung und stellen Sie eine Verbindung zu dem Gefühl her, das sie hervorruft.
2 Verankern Sie dieses Gefühl und halten Sie diese Verankerung fest.
3 Bitten Sie jetzt mit Hilfe der Verankerung Ihr Unterbewußtsein, drei bedeutungsvolle Ereignisse aus Ihrer Vergangenheit in die Erinnerung zurückzuholen, die Ihre alte Einstellung entstehen ließen, sie aufgebaut und unterstützt haben. Wenn Sie das geschafft haben, lassen Sie den Anker wieder los.

4 Rufen Sie dann alle Hilfsquellen, Qualitäten und Einsichten auf, die Sie seither angesammelt haben, wie wir es bei der Veränderung Ihrer persönlichen Geschichte getan haben. Betrachten Sie, unterstützt durch diese Informationen, die drei Beispiele nunmehr unter einem anderen Aspekt, so daß sie zu Beispielen transformiert werden, die beweisen, daß das Gegenteil Ihrer alten Einstellung richtig ist; damit können Sie Ihre neue Einstellung untermauern.
5 Beschreiben Sie dann, als Test für sich selbst, diese Ereignisse unter einem neuen Blickwinkel.

Die zweite Phase
1 Bauen Sie Ihre Zeitlinie auf, wie wir es schon einmal getan haben. Treten Sie an dem Punkt auf die Linie, an dem Sie sich *jetzt* befinden, und betrachten Sie von dort aus entlang der Linie Ihre Vergangenheit und Ihre Zukunft. Sorgen Sie dafür, daß Sie die Linie genau auf dem Boden vorzeichnen, so daß Sie ihr mühelos folgen können, ohne suchen zu müssen.
2 Verwenden Sie Ihren Anker, der mit der alten Einstellung verbunden ist, und stellen Sie einen Kontakt zu dem entsprechenden Gefühl her.
3 Halten Sie dieses Gefühl und den Anker fest, und gehen Sie dann, mit dem Gesicht zur *Gegenwart,* rückwärts die Zeitlinie entlang, so daß Sie sich mit dem Rücken voran in Richtung Ihrer Kindheit bewegen, bis Sie zu dem Ereignis kommen, bei dem Sie zum allerersten mal das Gefühl hatten, das mit der alten Einstellung verbunden ist. Das ist also der Moment und das Ereignis, wo die alte Einstellung entstanden ist.
4 Lassen Sie den Anker los und folgen Sie in derselben Art und Weise der Zeitlinie noch ein Stückchen weiter zurück, an dem Ereignis vorbei. Sie befinden sich also nunmehr in einem Abschnitt Ihres Lebens, in dem Sie die alte Einstellung noch nicht hatten. Erleben Sie, wie es sich anfühlt, frei von der alten Einstellung zu sein.

5 Treten Sie aus der Zeitlinie heraus, betrachten Sie das Ereignis, das Sie soeben identifiziert haben, und beachten Sie die positive Intention Ihrer Reaktionen auf dieses Ereignis und auch auf die Reaktionen anderer Menschen. Finden Sie heraus, welche Hilfsquellen Sie benötigen, um die Erfahrung positiv umzuformen.

6 Gehen Sie neben der Zeitlinie zu einem Punkt, an dem Sie die Hilfsquellen und Qualitäten, die Sie für die Umformung benötigen, bereits erfahren haben. Treten Sie nun wieder in Ihre Zeitlinie ein, rufen Sie diese Erfahrungen auf, fühlen, hören und sehen Sie sie mit Ihren eigenen Augen. Wenn Sie wieder ganz in dieser inspirierenden, positiven Stimmung sind und ihre Kraft spüren, verankern Sie diesen inneren Zustand, indem Sie irgendeine Körperstelle berühren; selbstverständlich eine andere als die, an der Sie Ihre alte Einstellung verankert haben.

7 Treten Sie aus der Zeitlinie heraus, wobei Sie den neuen Anker festhalten. Gehen Sie jetzt neben der Linie bis zu dem Zeitpunkt gerade vor dem fatalen Ereignis, also nochmals zu dem Lebensabschnitt, in dem Sie die alte Einstellung noch nicht hatten, und treten Sie dort wieder in Ihre Zeitlinie ein. Halten Sie den Anker fest und versetzen Sie sich wieder ganz in das gute, kraftvolle und inspirierende Gefühl. Dann treten Sie nochmals in das Ereignis ein, durch das die alte Einstellung entstanden ist. Durchleben Sie die Situation aufs neue, doch diesmal im Schutz und mit der Unterstützung der Hilfsquellen, die Sie aus Ihrer eigenen Zukunft geholt haben.

8 Treten Sie wieder aus der Zeitlinie heraus und betrachten Sie die Situation von neuem. Wiederholen Sie, falls nötig, die ganze Prozedur solange, bis Sie ein gutes Gefühl haben. Wenn das der Fall ist, treten Sie auf der Zeitlinie durch diesen Lebensabschnitt hindurch und gehen langsam und bedächtig auf der Zeitlinie zum *Jetzt*. Werden Sie sich dabei Ihrer neuen Kraft und Ihrer neuen Einstellung vollkommen bewußt.

Wiederholen Sie diese neue Einstellung während Sie die Zeitlinie abschreiten, und erkennen Sie, daß Sie dadurch auch alle Ereignisse, die mit der alten Einstellung zusammenhängen, transformieren.

9 Sind Sie wieder im Heute angelangt, wiederholen Sie nochmals laut Ihre neue Einstellung. Spüren Sie, ob Sie sie vielleicht noch verfeinern wollen.

10 Formen Sie aus der neuen Einstellung eine Energiekugel und geben Sie dieser Kugel eine Farbe. Lenken Sie die Kugel Ihre Zukunftslinie entlang, bis sie aus Ihrem Blickfeld verschwindet.

11 Denken Sie nun von Ihrem gegenwärtigen Standpunkt aus an das nächste Ereignis in Ihrer Zukunft, an dem Sie die Folgen Ihrer alten Einstellung erleben würden, wenn Sie diese Veränderung Ihrer Denkmuster nicht vorgenommen hätten. Beobachten Sie, wie Sie sich jetzt verhalten, da Sie die neue Einstellung haben, und erleben Sie die Freude und Kraft dieser neuen Erfahrung.

Wenn noch eine Spur der alten Gefühle übriggeblieben sein sollte, verfeinern Sie Ihre Formulierung und führen die gesamte Prozedur nochmals durch. Schließlich ist es der Mühe wert, das zu tun, denn Sie verhelfen sich damit zu einem glücklicheren Leben.

Es gibt noch ein paar weitere Hilfsmittel, um eine alte Einstellung zu transformieren, doch ich glaube, daß Sie erst einmal alle Hände voll zu tun haben werden. Wie für alle anderen Übungen in diesem Buch gilt auch hier, daß es mit einem Partner leichter geht, obwohl das nicht unbedingt notwendig ist. In meinen Workshops nehmen wir uns eine Menge Zeit für diese Übung, und manchmal gehe ich auch noch ein Stückchen weiter, um auch die hartnäckigste alte Einstellung endgültig zum Schweigen zu bringen.

Intuition

Wenn Sie um sich blicken, sehen Sie eine Menge Dinge, denen Sie aufgrund Ihrer Erfahrung bestimmte Bedeutungen zuordnen. Da Sie nun wissen, daß das, was man sieht, ohnehin nicht mit der Wahrheit übereinstimmt, können Sie sich frei fühlen, die Wirklichkeit so umzuformen, daß sie Sie unterstützt und zu einer positiven Entwicklung Ihrer Persönlichkeit beiträgt. Es kann sein, daß Sie von festgefahrenen Einstellungen an Ihrer Selbstentfaltung gehindert werden, aber Sie wissen inzwischen ja auch, wie Sie solche Einstellungen in hilfreiche und kraftvolle Energiequellen verwandeln können. Es ist jedoch stets notwendig, daß Sie mit der Wirklichkeit so flexibel wie nur möglich umgehen und sie immer wieder von einem neuen Standpunkt aus betrachten können. Deshalb möchte ich Ihnen hier noch eine weitere Art zu sehen vorstellen – die der modernen Kernphysik.

Ihr Körper besteht aus Atomen. Atome sind eine große Leere, in der eines oder mehrere Elektronen um einen Kern kreisen, der ebenfalls wieder Leere ist. Jedes Elektron besitzt eine potentielle Speicherkapazität, die der von drei Enzyklopädien entspricht. In unserem Körper schwirren schätzungsweise vierzig Milliarden Milliarden Milliarden Elektronen herum (das ist eine vier mit 28(!) Nullen). Damit können Sie sich eine ungefähre Vorstellung von dem enormen Wissen machen, das in den Zellen unseres Körpers gespeichert ist.

Intuition ist die Fähigkeit, mit diesem Wissen und mit dem Wissen der Elektronen in unserer Umgebung in Verbindung zu treten. Menschen, die klinisch tot waren, haben sehr oft die Erfahrung gemacht, daß sie mit einem Baum, mit dem Wasser, mit der Erde eins wurden. Das kommt daher, daß sie nicht mehr durch den Körper behindert wurden. Dasselbe Gefühl kann einen aber auch während einer Meditation überkommen. Wenn man eins wird (sich harmonisiert) mit einem Menschen oder einer Gruppe, so wie ich es in dem Kapitel über totale Kommunikation beschrieben habe, kann man mit all dem Wissen, über das der betreffende Mensch oder die Gruppe verfügt, in Verbindung treten. Dann weiß man auf einmal Dinge, die man auf andere Weise überhaupt nicht erfahren hätte. Dabei erlebt ein Mensch diese Information als Bilder, ein anderer fühlt sie und wieder ein anderer erfährt sie durch eine Stimme.

Im Prinzip kann man mit jedem beliebigen anderen Haufen von Atomen und Elektronen eins werden. Mehr noch: Wir befinden uns in einer stetigen, ununterbrochenen Einheit mit dem Universum, wie ein Tropfen im Ozean. Ein einzelner Tropfen im Ozean existiert nicht wirklich. So existieren auch wir nicht eigentlich *in* der Einheit, denn die Wahrheit ist, daß wir die Einheit *sind*. Der Mensch lebt jedoch vor allem in dem Bewußtsein, daß er ein vom Ganzen getrennter Teil sei. Durch dieses einseitige Bewußtsein der Abgetrenntheit entstehen Kriege, Streit, Schmerz und Leid.

Glücklicherweise wissen wir nun, daß wir selbst etwas daran ändern können. Da wir, ohne uns dessen bewußt zu sein, ein Teil des großen Ganzen sind und uns dem auch nicht entziehen können, verfügen wir im Prinzip alle über die gesamte Information, die im Ganzen verborgen ist. Mit anderen Worten: Jeder verfügt über die Kraft der Intuition.

Bewußte Intuition ist jedoch etwas ganz anderes. Es bedeutet, sich bewußt mit der Einheit zu verbinden, der Einheit in uns selbst. Es bedeutet die Verkettung aller Fähigkeiten des Bewußtseins, des Unterbewußtseins und des höheren Bewußtseins.

Neuropeptide und spontane Heilungen

Wir können die gesamte Materie in Frequenzen, Schwingungen und Teilchen einteilen. Wie ich schon berichtet habe, erzählte mir der brasilianische Arzt Jean-Claude Obry unlängst einige sehr interessante Dinge über Spontanheilungen. Stellen Sie sich vor, meinte er, daß Gesundheit eine Frequenz von 27 Hertz hat und Krebs eine Frequenz von 8 Hertz. Wie kommen Sie dann von der einen auf die andere Wellenlänge? Mit Chemotherapie werden nun zwar Veränderungen herbeigeführt, doch man weiß nicht genau welche, und die Ergebnisse sind nicht vorhersehbar. Für Bestrahlungen gilt dasselbe. Mit der Homöopathie kommt man einer Lösung schon näher. Mit der Blütentherapie kommt man ihr am nächsten, da die richtig gewählte Blütenessenz eine Schwingung aufweist, die wieder die ideale Schwingungsfrequenz herbeiführt, die bestand, bevor man von ihr abwich. Die Blütentherapie beschäftigt sich, mehr oder weniger in Übereinstimmung mit der Homöopathie, nicht so sehr mit der Krankheit oder dem Kranken, sondern mit dem Idealzustand, der vor der Abweichung bestand. Aber auch bei dieser Heilmethode kann man nicht sicher sein, daß sie immer funktioniert.

Um von einer Frequenz auf die andere zu gelangen, bedarf es eines Quantensprunges. Laut Dr. Obry gibt es Informationsträger, die diesen Quantensprung bewirken können, nämlich die erst vor kurzem entdeckten Neuropeptide. Ohne an dieser Stelle weiter ins Detail gehen zu wollen, kann man sagen, daß Neuropeptide chemische Stoffe sind, die auf natürliche Weise in unserem Körper gebildet werden und Informationen übertragen können. Indem sie Informationen übertragen, lösen sie eine Kette von Ursachen und Wirkungen aus, die von den einfachsten bis zu den komplexesten Veränderungen führen können.

Kurz bevor wir einen Gedanken haben, sind keine Neuropeptide vorhanden; nach dem Gedanken erscheinen sie plötzlich. Nach einer Gefühlsregung tauchen hunderttausendmal mehr Neuropeptide auf als nach einem Gedanken. Wenn wir ein Gefühl des Einsseins hervorrufen, entstehen laut Dr. Obry noch mehr Neuropeptide. Jedesmal, wenn wir ein intensives Gefühl der Harmonie verspüren, sind sie es, die die Information übermittelt haben. Sie schaffen Harmonie in unserem Körper und unserer Umgebung. Was Dr. Obry mir erzählte, scheint mir nicht unwahrscheinlich zu sein, denn denselben Mechanismus können wir überall im Kosmos beobachten.

Wenn ich also davon spreche, „daß wir, ähnlich wie ein Magnet, Dinge und Ereignisse anziehen, die zu uns gehören", kann das durchaus auch die Wirkung dieser Neuropeptide bezeichnen.

Wenn wir also, um uns von einer Krankheit zu heilen, ein Gefühl des Einsseins und der Harmonie herbeiführen und damit die Produktion der Neuropeptide anregen, übermitteln diese dem Unterbewußtsein entsprechende Informationen und regen so Veränderungen an, die Heilung bedeuten. Deshalb ist Meditation so wichtig, denn damit können Sie das Gefühl des Einsseins und der Harmonie hervorbringen.

Wie Sie Ihre Energie jederzeit mobilisieren können

John Grinder erzählte mir, wie eine Übung für einen legasthenischen Jugendlichen letztendlich noch etwas ganz anderes mit sich brachte. Eine leichte Abänderung dieser Übung lieferte nämlich eine der besten Methoden, um jederzeit in eine energiegeladene, tatkräftige Stimmung zu kommen, wobei man Zugriff auf alle Hilfsquellen bekommt, die man in der Situation, in der man sich gerade befindet, benötigt.

Wie Sie bereits wissen, besteht die Kunst darin, das Gefühl am Ende der neuronalen Bahn im Gehirn abzufangen. Erinnern Sie sich doch einmal an das Beispiel der Frau, bei der am Anfang das Bild „Spinne" stand und am Ende der Kette das Gefühl der Lebensgefahr. Da es nicht sinnvoll ist, daß der Anblick einer Spinne ein solches Gefühl auslöst, entschieden wir uns, an das Ende der Kette ein anderes, neutrales Gefühl zu setzen.

Die nun folgende Übung zielt darauf ab, all Ihre positiven, kraftvollen Energien zu mobilisieren, wodurch Sie ein sehr gutes und angenehmes Gefühl bekommen werden, das Sie dann wieder mit einer problematischen Beziehung, Aufgabe oder Situation verbinden können. Wenn Sie die Übung mindestens fünf Tage hintereinander durchführen, wird dieser Mechanismus in Ihrem Unterbewußtsein installiert, und Sie können diese Stimmung und Energie dann jederzeit, ganz nach Belieben hervorrufen, beispielsweise während einer wichtigen Besprechung, auf einer langen Wanderung oder bei einer mühseligen oder langweiligen Aufgabe. Die Übung besteht wieder aus zwei Phasen; einer ersten, vorbereitenden Phase und einer zweiten, die die praktische Ausführung enthält.

Übung

Erste Phase

Nehmen Sie ein großes Blatt Papier zur Hand und schreiben Sie darauf nach dem unten angegebenen Schema das Alphabet. Das nennen wir eine Karte. Lassen Sie ausreichend Platz zwischen den Buchstaben und zwischen den Zeilen.

A	B	C	D	E
F	G	H	I	J
K	L	M	N	O
P	Q	R	S	T
U	V	W	X	Y

Unter jeden Buchstaben des Alphabets schreiben Sie nun in unregelmäßigem Wechsel die Buchstaben L für *l*inks, R für *r*echts oder S für zusammen. Dabei gelten jedoch die folgenden Regeln:

1 Sie dürfen nicht öfter als zweimal denselben Buchstaben nacheinander unter eine Zeile schreiben.

2 Unter den Buchstaben L des Alphabets müssen Sie immer ein R für *r*echts schreiben.

3 Unter den Buchstaben R des Alphabets müssen Sie immer die Bezeichnung L für *l*inks schreiben.
4 Unter den Buchstaben S des Alphabets müssen Sie immer den Buchstaben S für zusammen schreiben.
5 Sie müssen die Buchstaben des Alphabets und die Buchstaben für *r*echts, *l*inks und zusammen gleich groß und in derselben Farbe schreiben.

Wenn Sie mit diesem Teil der Übung fertig sind, stellen Sie eine neue Karte her, um zu vermeiden, daß Sie es Ihrem Unterbewußtsein zu einfach machen.

Zweite Phase

Bevor Sie anfangen, denken Sie an etwas, das in Ihnen ein unangenehmes Gefühl hervorruft, ein Problem, etwas, das Sie behindert. Das wollen Sie nun verändern. Merken Sie sich gut, woran Sie arbeiten wollen, denn Sie werden feststellen, daß Sie unmittelbar nach der Übung kein Problem mehr finden können.

1 Stellen Sie sich in einem Abstand, aus dem Sie bequem alle Buchstaben lesen können, vor die Karte.
2 Ergreifen Sie Ihren Ruheanker und werden Sie sich Ihrer selbst und Ihrer Füße bewußt, die fest auf dem Boden stehen.
3 Harmonisieren Sie sich mit der Karte.
4 Nehmen Sie die Grundstellung ein: Lassen Sie die Arme lokker seitlich am Körper hängen und heben Sie dann Ihre Unterarme bis zur Horizontalen, während Ihre Oberarme am Körper bleiben.
5 Lesen Sie nun laut alle Buchstaben des Alphabets von A bis Y. Sagen Sie laut „A“ und schauen Sie, was darunter steht. Wenn dort ein „L“ verzeichnet ist, heben Sie Ihren linken Unterarm zur Schulter, ohne dabei den Oberarm zu bewegen; unmittelbar danach führen Sie ihn wieder zurück in die Horizontale. Sprechen dann den nächsten Buchstaben des Alphabets laut aus. Steht unter dem „B“ ein „R“, so heben Sie

Ihren rechten Unterarm auf die gerade beschriebene Art und Weise.

Fahren Sie mit dem dritten Buchstaben fort; steht unter dem „C" beispielsweise ein „S", heben Sie beide Unterarme gleichzeitig.

Arbeiten Sie sich auf diese Weise in Ihrem eigenen Tempo durch das ganze Alphabet. Wenn Sie einen Fehler machen, halten Sie inne und springen ein wenig auf und ab oder schütteln sich, bevor Sie am Anfang der Reihe, in der Sie den Fehler machten, wieder beginnen. Denken Sie immer daran, daß es sich um ein Spiel und nicht um einen Wettkampf handelt; die Geschwindigkeit hat also überhaupt keine Bedeutung, gehen Sie so schnell voran, wie es für Sie bequem ist. Wenn Sie am Ende des Alphabets angelangt sind, fangen Sie noch einmal an, doch diesmal rückwärts, von Y nach A. Das war der Aufwärmer.

Wenn Sie bei A angekommen sind, beginnen Sie wieder von vorn; doch jetzt müssen Sie noch etwas mehr tun. Während Sie Ihren linken Unterarm heben, heben Sie gleichzeitig auch Ihr rechtes Bein, und wenn Sie Ihren rechten Unterarm heben, heben Sie auch Ihr linkes Bein. Bei der Anweisung „S" heben Sie beide Unterarme und gleichzeitig beide Beine, wodurch Sie sich vom Boden entfernen; mit anderen Worten, Sie springen hoch. Arbeiten Sie sich auf diese Weise durch das gesamte Alphabet, von vorn nach hinten und wieder von hinten nach vorn. Wenn Sie eine Auslassung oder einen Fehler machen, halten Sie ein, entspannen sich, schütteln sich ein wenig und machen dann weiter. Bleiben Sie locker.

Wenn Sie sich gut entspannen und es Ihnen leicht fällt, beginnen Sie nun die Energie zu fühlen, die in beiden Gehirn- und Körperhälften mobilisiert wird. Die Koordination und Harmonisierung der Bewegungen bringt Sie in einen beinahe euphorischen, angenehmen und wachen Zustand. Wenn Sie nach etwa zehn bis zwanzig Minuten die kraftvolle Stimmung zu spüren beginnen, halten Sie inne und treten nun einen Meter nach rechts. Bleiben Sie in der Grundstellung der Übung und bewegen Sie die Arme weiterhin wie bisher, doch nunmehr mit sehr kleinen Bewegungen. Machen Sie sich jetzt, während Sie so stehen und durch die minimalen Bewegungen Ihrer Arme die Energie festhalten, ein Bild von der Situation, an der Sie arbeiten wollen; automatisch wird sich dieses Bild mit dem Gefühl, topfit zu sein, das Sie nun gerade erreicht haben, verbinden, und damit ist die Operation gelungen.

Prüfen Sie nun nach, ob das stimmt, indem Sie wieder an die betreffende Situation denken; spüren Sie, wie sich Ihre Gefühle verändert haben. Falls immer noch etwas von dem alten Gefühl hängengeblieben ist, nehmen Sie sich am nächsten Tag dieselbe Situation nochmals vor. Wenn Sie die Übung an mindestens fünf aufeinanderfolgenden Tagen durchführen, wird sie sich in Ihrem Unterbewußtsein verankern. Von diesem Moment an genügt es, die minimalen Armbewegungen zu machen, um die gehobene Stimmung und die entsprechende Energie erneut zu mobilisieren. Wenn Ihnen das gelingt, werden Sie fortan nicht mehr kleinzukriegen sein, ob es sich nun um anstrengende Besprechungen oder andere mühselige Angelegenheiten oder Situationen handelt.

Es gibt noch viele andere Methoden, um mit dem eigenen Reservoir an verborgenen Fähigkeiten und Hilfsquellen Absprachen zu treffen. Immer wenn Sie etwas sehr Schönes und Tiefgreifendes erleben, können Sie beispielsweise Ihren Daumen und Ihren kleinen Finger gegeneinander drücken, um das Erlebnis zu verankern. Wenn Sie dann später Ihren Anker gebrauchen, kommt das schöne Gefühl wie von selbst wieder nach oben. Wiederholung ist übrigens der Schlüssel für die immer bessere Wirkung des Ankers. Da ich jeden Vortrag mit einer Harmonisierung beginne und dabei einen Anker einrichten lasse, ist dieser Anker durch die ständige Wiederholung zu einem kraftvollen und wirksamen Signal für mich geworden.

Verankern Sie einen inneren Zustand, den Sie in zukünftigen Situationen benötigen, und gebrauchen Sie diesen Anker, wenn Sie in eine entsprechende Situation kommen.

Werden Sie, wer immer Sie sein wollen

Von nun an können Sie werden, wer immer Sie sein wollen. Das klingt nach Übertreibung, doch wenn Sie die Übungen in diesem Buch wirklich gemacht haben, werden Sie wissen, daß ich recht habe. Die folgende Übung – übrigens die letzte in diesem Buch – wird das noch einmal vollkommen deutlich machen. In gewissem Sinne ist sie eine Synthese all der Techniken, auf die ich in den vorangegangenen Kapiteln aufmerksam gemacht habe.

Übung

Sammeln Sie die besten Eigenschaften und Fähigkeiten einer Anzahl von Menschen, die Sie bewundern, und gestalten Sie daraus ein Idealbild Ihrer selbst. Wählen Sie diejenigen Apekte Ihres Partners, Ihrer Freunde, Verwandten, Lehrer, Ihres geistigen Meisters, Ihres liebsten Familienmitgliedes, eines Heiligen oder Staatsmannes aus, die am besten zu Ihnen passen. Vergessen Sie nicht, daß Sie Ihren Lebenspartner aufgrund bewußter und unbewußter Resonanzgesetze gewählt haben. Ihr Partner wird daher oft gerade über die Qualitäten verfügen, die Sie gut gebrauchen können. Bedenken Sie auch, daß Ihre berufliche Situation nicht durch Zufall zustandegekommen ist. Sie selbst haben die Umstände angezogen, um das noch einmal klar zu sagen. Suchen Sie Ihre Modelle also nicht immer in weiter Ferne; sie befinden sich oftmals direkt vor Ihrer Nase, als Lebenspartner, als Freund, als Familienmitglied oder Kollege! Geben Sie Ihrem Lebenspartner einen neuen Rahmen, falls nötig, und suchen Sie nach dem Besten, das er oder sie in sich trägt.

Erschaffen Sie nun in Gedanken ein Bild davon, wie Sie sein werden, wenn Sie all diese Eigenschaften Ihrer Modelle voll und ganz entwickelt haben. Wie sehen Sie aus, wie stehen Sie, wie gehen Sie, wie klingt Ihre Stimme, welche Gebärden machen Sie? Betrachten Sie dies als Ihr weiterentwickeltes Selbst.

Lassen Sie Ihr weiterentwickeltes Selbst jetzt in eine Situation eintreten, in der Sie sich momentan nicht wohlfühlen. Hören und sehen Sie, wie Ihr weiterentwickeltes Selbst sich verhält und was es sagt und tut. Versetzen Sie sich voll und ganz in die Situation, und betrachten Sie mit eigenen Augen wie es ist, so zu sein; spüren Sie wie es ist, hören Sie auf das, was Sie sagen und wie Sie es sagen.

Verlassen Sie die Situation nun wieder, aber bleiben Sie weiterhin in Ihrem weiterentwickelten Selbst. Gehen Sie ein wenig umher, sehen und hören Sie; möglicherweise sehen und hören Sie schärfer oder sehen und hören andere Dinge als zuvor. (Sie sehen und hören nämlich mit Ihrem Bewußtsein.) Spüren Sie, wie es sich anfühlt, und verstärken Sie das Verlangen, so zu werden.

Treten Sie nun aus Ihrem weiterentwickelten Selbst heraus und betrachten Sie es sich noch einmal eingehend. Lassen Sie es auf Ihrer Zeitlinie in die Zukunft gehen und an dem Punkt in Ihrem Leben anhalten, an dem Sie diese Qualitäten erreicht haben werden. Schauen Sie dorthin und treten Sie nun auch aus sich selbst heraus. Betrachten Sie sich dann selbst aus einem gewissen Abstand und achten Sie darauf, was alles an positiven Qualitäten in Ihnen steckt. Überlegen Sie jetzt, welchen ersten kleinen Schritt Sie machen müssen, um sich in diese Richtung zu entwickeln.

Treten Sie wieder in Ihren Körper ein, machen Sie einen kleinen Schritt auf Ihrer Zukunftslinie und formen Sie mit Ihren Händen ein neues, dreidimensionales Bild Ihres sogenannten Transitselbst. Gestalten Sie eine Vorder-, eine Seiten- und eine Rückenansicht. Das Transitselbst sind Sie selbst in naher Zukunft, das Selbst, das den kleinen Schritt bereits getan hat. Treten Sie in dieses Transitselbst ein, gehen Sie ein bißchen umher, sehen, hören und fühlen Sie, wie es ist, diesen kleinen Schritt getan zu haben.

Verlassen Sie Ihr Transitselbst dann wieder und entscheiden Sie, was Sie in der Praxis tun wollen, um den ersten Schritt zu verwirklichen, als Zeichen der Zusammenarbeit zwischen Ihrem Bewußtsein und Ihrem Unterbewußtsein. Betrachten Sie Ihr Transitselbst und Ihr weiterentwickeltes Selbst und erkennen Sie, daß Ihr neues weiterentwickeltes Selbst ganz von allein entstehen wird, da Sie das Stadium dieses weiterentwickelten Selbst schon einmal erreicht haben. Denn von dem Punkt aus, den Sie jetzt als Endpunkt sehen, wird sich wiederum ein weites Panorama neuer Möglichkeiten auftun.

Das Muster ist nunmehr installiert. Ihr Unterbewußtsein ist jetzt vollauf damit beschäftigt, alle Kräfte zu mobilisieren, die Sie benötigen, um Ihr Ziel zu erreichen; dabei führt Ihr Bewußtsein die notwendigen praktischen Aufgaben aus, die dem Unterbewußtsein bei seiner Arbeit behilflich sind.

Zum Abschluß dieses Kapitels möchte ich Ihnen noch ein paar positive Einstellungen aufzeigen, die Ihnen dabei helfen können:

Es gibt kein Versagen, es gibt nur nützliches Feedback.

Was ich sehe und höre, hat nichts mit der Wahrheit zu tun; es ist meine eigene Wirklichkeit, die ich mir selbst schaffe.

Alles was ich sehe, ist das Ergebnis meiner Vergangenheit und hat nichts damit zu tun, was die *Gegenwart* ist oder sein kann.

Wenn die Wirklichkeit, die ich geschaffen habe, nicht oder nicht mehr zu meinem Nutzen ist, kann ich aus denselben Wahrheiten eine neue Wirklichkeit erschaffen.

Ich bin die Quelle meines Lebens.

Nachwort

Es war spannend, dieses Buch zu schreiben; nicht zuletzt deshalb, weil ich den Text mit Hilfe der modernen Technik eintippen konnte, während ich auf Reisen war, von Südfrankreich bis zum Nordkap, wo die Sonne im Juni vierundzwanzig Stunden lang scheint. Ich habe drinnen und draußen gearbeitet, in Autos und in Flugzeugen. Während dieses Buch entstanden ist, habe ich geheiratet und die Geburt von sechs kleinen Kätzchen erlebt und gesehen, wie sie die Kunst des Modellierens ihrer Mutter schnell in ihren Pfötchen hatten. Mit jedem Tag meines Lebens glaube ich mehr daran, daß der Mensch nach dem Ebenbild des Ursprungs des Universums geschaffen ist.

Verschiedene Male habe ich in diesem Buch geschrieben, daß Einstellungen aus Erfahrungen gewachsen sind. Das stimmt jedoch nicht immer. Möglicherweise stimmt es auch überhaupt nicht. Ich habe das geschrieben, weil es brauchbar und anwendbar für die meisten Leser ist; aber das Gegenteil ist mindestens ebenso wahr: Unsere Erfahrungen folgen unseren Einstellungen, sie gehen regelrecht daraus hervor. Selbst der Körper eines neugeborenen Babys, der aus Milliarden und Abermilliarden Elektronen und Zellen besteht und zahllose eingebaute Schaltkreise enthält, hat bereits ein eigenes Bewußtsein. Auch die Zellen haben schon eine bestimmte Meinung darüber, wie ein Körper funktioniert. Diese Einstellungen des Körpers bestimmen und beschränken seine Möglichkeiten. Die Begrenzungen dieser Einstellungen zu überschreiten heißt, zur Quelle des Lebens zurückzukehren.

Wenn wir die grundlegendste, am tiefsten verankerte Einstellung transformieren können, nämlich die, daß wir ein Mensch sind, gelangen wir in eine vollkommen andere Erfahrungswelt. Dann werden wir wieder zu den grenzenlosen Schöpfern, die wir immer schon gewesen sind.

Achten Sie auf Ihre Einstellungen, denn sie sind die Anweisungen an den Magier Unterbewußtsein, der in Ihnen wohnt. Ihr schöpferischer Geist erfüllt getreu Ihre Wünsche. Achten Sie auf Ihre Gedanken, halten Sie sie unter Kontrolle oder korrigieren Sie sie unmittelbar. Es sind die Ideen der neuen Zeit, an die Sie glauben wollen. Vielleicht sind Sie sogar selbst davon überzeugt, daß Sie an sie glauben. Es ist sehr wichtig, diesen Unterschied zu kennen. Denn: Wenn Sie an einen Himmel und an ein Leben nach dem Tode glauben und dennoch Angst vor dem Sterben haben, dann stimmt etwas nicht. Wenn sich Ihr Glaube nicht manifestiert, ist das ein Zeichen dafür, daß Sie nicht wirklich glauben.

Sollten Sie davon noch immer nicht überzeugt sein, stellen Sie sich vor, es sei wahr und halten Sie mit scharfem Blick Ausschau nach Menschen, die wirklich an etwas glauben. Prüfen Sie, ob ihre Taten mit ihren Worten übereinstimmen. Wenn dem nicht so ist, heißt das noch nicht, daß ihre Worte wertlos seien; es bedeutet lediglich, daß sie sie bisher noch nicht integrieren konnten. Wahrscheinlich kommt das daher, daß diese Menschen unterbewußt auch noch andere, ältere Einstellungen haben, die im Widerspruch zu ihren Worten stehen und es sind diese älteren Einstellungen, die sich manifestieren.

„Ein Glaube ohne Handeln ist tot," sagt die Bibel. Taten zeigen, ob der Glaube vorhanden ist. Taten setzen den Glauben in Erfahrung um, und die Erfahrung verstärkt die innere Einstellung. Eine Einstellung, die sich selbst bestätigt, zieht neue, stärkere Erfahrungen an, und so schließt sich der Kreislauf, der mit einer Einstellung beginnt. Ihre wahren Einstellungen mobilisieren alle Hilfsquellen, derer Sie bedürfen, um Ihren Glauben zu manifestieren; es ist nur eine Frage der Zeit.

„Steh auf und wandle", sprach Jesus zu dem Lahmen, und der manifestierte seine neue Einstellung, indem er sie unmittelbar in die Tat umsetzte. Hätte er stattdessen geantwortet: „Ich werde es gleich probieren, sobald ich allein bin", hätten wir gewußt, daß er wohl glauben wollte, es aber nicht wirklich tat. „Dein Glaube hat dich geheilt", sagte Jesus.

Was Sie über sich selbst glauben, werden Sie erreichen. Sie sind sowohl der Architekt als auch der Bauherr, sowohl der Erbauer als auch das Gebäude selbst, das Sie verschönern wollen. Dieses Buch ist die Anleitung, die der Erbauer verwenden kann, um die Vorschläge des Architekten und des Bauherren zur Ausführung zu bringen.

Vergessen Sie nie, daß Sie ein Magier sind. Seien Sie sich dessen stets bewußt. Es ist nie zu spät, ein glücklicheres Leben für sich selbst zu erreichen. Der älteste Teilnehmer an meinen Workshops ist einundachtzig – meine Mutter.

Wer an einem Workshop teilnehmen möchte, um mehr Einsicht in sein persönliches Potential zu gewinnen, oder lernen will, die in diesem Buch besprochenen Techniken auf sich selbst und andere anzuwenden, kann über die folgende Adresse Informationen anfordern:

Heart Systems b.v.b.a.
Kwaadbeek 74
B-9860 Oosterzele
Telefon und Fax: 0032-91-62 41 18

Auch bezüglich besonderer Informationen über Management- und Personaltrainingsseminare können Sie sich an diese Adresse wenden.